ADAC Reiseführer

Lanzarote

von Nele-Marie Brüdgam

W0179650

 ADAC Top Tipps

Das müssen Sie gesehen haben!
Die zehn Top Tipps bringen Sie
zu den absoluten Highlights.

 ADAC Empfehlungen

Unterwegs gut beraten: Diese
25 ausgesuchten Empfehlungen
machen Ihren Urlaub perfekt.

Preise für ein DZ mit Frühstück:
€ | bis 80 €
€€ | bis 120 €
€€€ | ab 120 €

Preise für ein Hauptgericht:
€ | bis 12 €
€€ | bis 18 €
€€€ | ab 18 €

■ Intro

■ ADAC Quickfinder

Hier finden Sie die Orte, Sehens-
würdigkeiten und Attraktionen,
die perfekt zu Ihnen passen.

■ Unterwegs

■ Service

Alle wichtigen reisepraktischen Informationen – von der Anreise über Notrufnummern bis hin zu den Zollbestimmungen.

 *Zu diesen Orten und Sehenswürdigkeiten finden Sie Detailkarten im Innenteil des Reiseführers.*

Umschlag:

 ADAC Top Tipps: Vordere Umschlagklappe, innen ❶

 ADAC Empfehlungen: Hintere Umschlagklappe, innen ❷

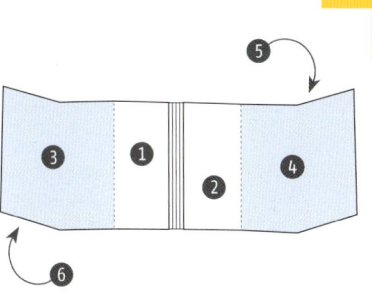

Übersichtskarte Lanzarote West: Vordere Umschlagklappe, innen ❸
Übersichtskarte Lanzarote Ost: Hintere Umschlagklappe, innen ❹

Stadtplan Arrecife: Hintere Umschlagklappe, außen ❺
Ein Tag in Arrecife: Vordere Umschlagklappe, außen ❻

Kleine Insel, großer Zauber, geheimnisvolle Schönheit

Die eigenwilligste aller Kanarischen Inseln ist lieblich und rau zugleich – ihr Charme kann süchtig machen

Parque Nacional de Timanfaya: magische Lavawüsten, märchenhafte Vulkankegel

Lavawüsten, so weit das Auge reicht, darauf Vulkane, die aussehen wie im Bilderbuch: kegelförmige Berge mit einem Krater in der Mitte. Märchenhaft wirkt dieser Anblick und bedrohlich zugleich – als seien die Lavaströme gerade erst erstarrt, als könnten die Vulkane jeden Augenblick wieder ausbrechen. Manche der Vulkanlandschaften auf Lanzarote sind einige tausend Jahre alt, doch die größte und eindrucksvollste ist, zumindest nach erdgeschichtlichen Maßstäben, gerade eben erst entstanden. In den Jahren 1730 bis 1736 und 1824 formten gewaltige Eruptionen das Gebiet, das nach dem seinerzeit begrabenen Dorf Timanfaya benannt wurde und etwa ein Viertel der Inselfläche ausmacht: ein Meer aus Lava. In seinem Zentrum liegt der Nationalpark Timanfaya, 51 km² groß und einer der am stärksten geschützten Naturräume weltweit: Betreten verboten! Bis auf winzige Abschnitte werden hier keine Menschen geduldet. Aber das, was man in diesen Abschnitten sieht, ist sensationell. Und auch wer das Lavaland in der Umgebung des Nationalparks erkundet, wird sehr wahrscheinlich Demut empfinden.

Weltrang: Höhlen und Gärten, in denen Natur und Kunst sich begegnen, wie in Jameos del Agua, der Cueva de los Verdes oder im Jardín de Cactus. Zahlreiche Museen und Galerien zeigen zeitgenössische Kunst, oft inspiriert von der Natur der Insel. Und auch draußen steht fast überall ein Kunstwerk, wo sich ein Platz dafür findet. So ist es auf Lanzarote selbstverständlich, passende Skulpturen zu bestellen, wenn ein neuer Boulevard oder öffentlicher Garten geplant wird.

Außerdem finden regelmäßig Konzerte und Musikfestivals mit wichtigen Künstlern aus aller Welt statt – mal auf

Kunstmuseum im Castillo de San José, Arrecife (unten) – Windspiel an der Fundación César Manrique (ganz unten)

Eine Insel der Kunst

In Landschaften, in denen sich das Innere der Erde nach außen stülpt, passieren merkwürdige Dinge. Auf Island etwa leben bekanntlich Elfen und Trolle. Und auf Lanzarote? Gibt es unfassbar viel Kunst. Die Insel, die mit 846 km² ein ganzes Stück kleiner ist als beispielsweise Rügen (976 km²) und keine 150 000 Einwohner hat, versammelt mehrere Land-Art-Projekte von

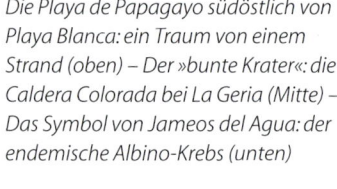

Die Playa de Papagayo südöstlich von Playa Blanca: ein Traum von einem Strand (oben) – Der »bunte Krater«: die Caldera Colorada bei La Geria (Mitte) – Das Symbol von Jameos del Agua: der endemische Albino-Krebs (unten)

Im Timanfaya-Gebiet wachsen von Natur aus nur ein paar Flechten – hier kann man beobachten, wie neues Leben entsteht. So empfand es auch der britische Musiker Brian Eno, mehrfach arbeitete er auf Lanzarote, schuf Kompositionen und Musik-Installationen für Festivals und Kunst-Landschaften. »An keinem anderen Ort ist der Akt der Schöpfung so deutlich sichtbar wie auf Lanzarote«, sagte Eno einst. »Die Insel stimuliert das künstlerische Handeln und eine physische Annäherung an die reine Schöpfung.«

Strand- und Badeparadies

Trotz alledem interessiert sich ein Großteil der rund 3 Mio. Touristen, die Lanzarote jährlich besuchen, in erster

dem Vorplatz einer Festung, mal am Strand, nicht selten auch in Konzertsälen, die in natürliche Vulkanhöhlen eingefügt wurden.

Linie für Sonne, Strand und Entspannung – was nicht nur nachvollziehbar ist, sondern auch von Vorteil für die Insel. Nachvollziehbar, weil Lanzarote traumhafte Strände hat, mal kilometerlang, mal in kleinen Buchten, von hohen Felsen gerahmt. Und fast alle haben von Natur aus feinen, hellen Sand. Dass Lanzarote international nicht vorrangig als Natur- oder Kulturreiseziel wahrgenommen wird, sondern als Badeurlaubsdestination, ist außerdem so gut und wichtig, weil die Naturräume dadurch geschützt bleiben können und kulturelle Sehenswürdigkeiten nicht aus allen Nähten platzen – wobei es zu Hauptreisezeiten wie Ostern auch dort bisweilen sehr voll werden kann.

Fast alle Gästeunterkünfte befinden sich in nur drei Urlaubszentren: Puerto del Carmen, Costa Teguise und Playa Blanca. So bleibt der Rest der Insel zwar vom Tourismus nicht unberührt, aber viele Dörfer sehen auch heute noch fast so aus wie vor 100 Jahren. Keine Fischersiedlung steht im Schatten von Hotelhochhäusern. Insbesondere die Nord- und Westküste, wo

>> *Gewaltige Landschaften, dramatische Farben, ein außerordentlicher Zufluchtsort.* <<

Pedro Almodóvar, Filmregisseur

Wind und Strömungen das Baden meist unmöglich machen, bleiben weitgehend unbebaut und konnten sich ihren wilden Charakter erhalten.

Bereits 1993 erklärte die UNESCO Lanzarote zum Biosphärenreservat, und zwar die gesamte Insel einschließlich aller Ortschaften – ein bis heute sehr selten auf der Welt vergebener Status.

Mirador del Río: ein Aussichtspunkt als architektonisches Kunstwerk

Als Biosphärenreservate definiert die UNESCO »international repräsentative Modellregionen«. Und weiter: »Sie verwirklichen eine nachhaltige Entwicklung und erhalten Lebensräume. UNESCO-Biosphärenreservate werben für den Ausgleich der Interessen von Umweltschutz und Wirtschaft.«

Maßgeblich zu verdanken ist diese Auszeichnung dem Engagement des lanzarotischen Künstlers César Manrique (1919–1992). Er machte sich für einen sanften Tourismus und Naturschutz stark, er bewirkte, dass hier bis heute kaum Hochhäuser stehen und dass keine Werbeplakate die Landschaft verschandeln. Er schuf einen großen Teil der bedeutendsten Kunstwerke der Insel. Und er setzte sich persönlich für Lanzarotes Ernennung zum Biosphärenreservat ein.

Außergewöhnliche Menschen

Während Manrique lautstark für seine Anliegen kämpfte, wirkte ein anderer, genauso wichtiger Künstler still im Hintergrund: Jesús Soto (1928–2003), der auf Fuerteventura geboren wurde, früh nach Lanzarote zog und dort für immer blieb. Er schuf das erste große Natur-Kunstwerk der Insel, eine spektakuläre Licht-Klang-Installation in der Vulkanhöhle Cueva de los Verdes – bis heute eine Top-Sehenswürdigkeit.

Auch bei vielen Projekten, die allgemein Manrique zugeschrieben werden, war Sotos Wirken maßgeblich, etwa in Jameos del Agua oder bei der Panoramastraße Ruta de los Volcanes (Nationalpark Timanfaya). Heute ist es insbesondere der auf Lanzarote lebende Maler, Musiker und Fotograf Ildefonso Aguilar (geb. 1945), der das Kulturle-

Am schwarzen Strand von El Golfo: der leuchtend grüne See Charco de los Clicos

ben auf der Insel prägt und sich für den Erhalt natürlicher und von Menschen geschaffener Schönheit einsetzt.

Aber auch ganz allgemein ist es eine besondere Art Mensch, die sich entscheidet, auf Lanzarote zu leben – jene, die hierher ziehen oder jene, die hier geboren wurden und geblieben (oder zurückgekehrt) sind. Fast alle eint die Verbundenheit mit der vulkanischen Landschaft, die Freude an Kunst, Kultur, Natur. Auch an einfachem, gutem Essen. Und an hochwertigen Alltagsprodukten: Traditionelles und neues Kunsthandwerk werden liebevoll gepflegt, gefördert und geschätzt. Außerhalb der Touristenzentren merkt man das überall: Diesen eigenartigen Lebenspuls, diesen speziellen Charme der Insel und ihrer Menschen. Ein Lebensgefühl, das süchtig machen kann.

Hauptstadt Arrecife (59 000 Einwohner)

Sprache Spanisch

Währung Euro

Staatsform Parlamentarische Demokratie

Verwaltung Die Insel bildet gemeinsam mit Fuerteventura und Gran Canaria die spanische Provinz Gran Canaria.

Fläche 846 km² (etwas kleiner als Berlin), davon stehen 42 % unter Naturschutz

Einwohner 147 000, davon 28 % Ausländer

Tourismus Über 3 Mio. jährlich, Tendenz steigend – davon fast 50 % aus Großbritannien und 15 % aus Deutschland

Religion Überwiegend römisch-katholisch

Berühmtester Sohn der Insel Der Künstler César Manrique (1919–1992)

Die gewaltigsten Eruptionen Sechs Jahre währten im 18. Jh. die Vulkanausbrüche (1730–1736)

Höchste Temperatur Dauerhaft 610 °C in 13 m Tiefe (Montañas del Fuego, Nationalpark Timanfaya)

Anzahl der Kamele Heute 290, im 19. Jh. bis zu 3000

Das will ich erleben

Die Gründe für eine Reise nach Lanzarote können unterschiedlich sein: Viele Urlauber kommen wegen der langen, goldfarbenen Strände in Puerto del Carmen. Andere lassen sich gern von den bizarren Vulkanlandschaften verzaubern. Gut besucht sind die Land-Art-Projekte, wie etwa kunstvoll in Szene gesetzte Lavahöhlen. Immer mehr Gäste interessieren sich auch für die in den letzten Jahren mehr und mehr herausgeputzte Inselhauptstadt Arrecife. Es gibt so viel zu erleben auf dieser ganz besonderen Insel …

Landschaften zum Anbeten

Berühmt ist Lanzarote für seine geheimnisvollen dunklen Lavawüsten mit den vielen prachtvollen und zugleich bedrohlich wirkenden Vulkankegeln. Doch noch viele andere Landschaften überraschen die Besucher auf dieser kleinen Insel – und ziehen jeden in ihren Bann.

Strände für jeden Geschmack

Lanzarote sei die Insel der schwarzen Strände – dieses Vorurteil hört man immer wieder, und niemand weiß, woher es kommt. Tatsache ist: Die allermeisten Strände sind weiß oder goldfarben und feinsandig, und zwar von Natur aus. Aber auch, wer gern einmal schwarzen Sand sehen möchte, wird hier fündig.

Dörfer mit Charme

Hotels und Apartmentanlagen gibt es mit wenigen Ausnahmen nur in den drei Touristenzentren der Insel. Das hat zur Folge, dass alte, gewachsene Dörfer ihr ursprüngliches Bild und ihren echt kanarischen Charakter bewahren konnten. Sie sind zwar nicht unbedingt spektakulär, aber dafür sehr hübsch und liebenswert.

Einzigartige Aussichtspunkte

Einfach nur den Blick schweifen lassen – weit über Berge und Steilküsten, über Strände, das Meer oder die Nachbarinseln: wie erholsam, wie entspannend, wie eindrucksvoll und inspirierend! Auf Lanzarote bietet sich dafür eine Vielzahl von Möglichkeiten.

Land-Art – Kunst trifft auf Natur

Sensibel in die Natur eingefügte Skulpturen und ganze Naturformationen, die durch sanfte menschliche Eingriffe zu Kunstzentren wurden: Wer Land-Art liebt, wird auf Lanzarote sehr glücklich sein.

Bildende Kunst von gestern und heute

Ein Museum für moderne Kunst, eine stimmungsvolle Ausstellung religiöser Werke, dazu wechselnde Schauen in ungewöhnlichen Räumen: Diese kleine Insel hat tatsächlich eine bunte, lebendige Kunstszene.

Die besten Shoppingmeilen

Einfach mal in Ruhe einkaufen: Auch dafür ist ein Urlaub da. Auf Lanzarote hat man die Wahl zwischen einer riesigen Shopping-Mall, einem kleineren Einkaufszentrum und Fußgängerzonen, in denen schöne Caféterrassen für Entspannung beim Einkaufsbummel sorgen.

Faszinierende Architektur

Häuser, Gärten und Swimmingpools, Restaurants und Bars, die sich fast nahtlos in die Umgebung einfügen – in Vulkanlandschaften, Lavafelder und hohe, zerklüftete Felsen: Diese Form der Architektur erreicht hier Perfektion.

Kunsthandwerk von der Insel

Noch eine Besonderheit auf Lanzarote: Lokales Kunsthandwerk spielt eine große Rolle. Goldschmiede, Töpfer, Parfümeure, Lederschneider und andere Kunsthandwerker erhalten offizielle Zertifikate, wenn sie hochwertige Waren auf der Insel produzieren. Zu kaufen gibt es die schönen Dinge auf Märkten und in Werkstätten.

Essen, trinken, genießen

Die typische kanarische Küche ist frisch, einfach und etwas derb. Wer gern Fisch, Salat und Kartoffeln mag, ist hier richtig. Aber auch Raffinierteres kann man verkosten.

Feste & Events – Folklore & Pop

Die Lanzaroter wissen, wie man feiert. Der Karneval ist eine lange, berauschende Party im lateinamerikanischen Stil. Auch viele andere religiöse Feierlichkeiten werden alljährlich von großen Volksfesten begleitet.

Unterwegs

Raues Land und liebliche Strände, Wüste, weite Blicke wie hier am Risco de Famara, Einsamkeit und spektakuläre Felsen: Willkommen auf einer Ausnahme-Insel, die verführt, verwöhnt und erstaunt

Arrecife und das Inselzentrum

Bunter Alltag in der Hauptstadt, Geschichte und Shopping in Teguise,
Strandleben und Surfen in Costa Teguise und Famara

Kultur, Strände und städtisches Leben sind vereint in dieser Region – je nachdem, worauf man seinen Schwerpunkt legt, eignen sich Costa Teguise, Famara oder Arrecife als Standort und als Startpunkt für Ausflüge. Die einst wenig attraktive Inselhauptstadt hat sich in letzter Zeit kräftig herausgeputzt, ohne an Charme einzubüßen. Sie bietet viel Kunst, Konzerte und gute Gastronomie. Nicht weit entfernt liegen sensationelle Kultur- und Architekturzentren – sowie Badeorte mit ganz unterschiedlichem Charakter.

In diesem Kapitel:

ADAC Top Tipps:

1 **Museo Internacional de Arte Contemporáneo (MIAC), Arrecife**

| Kunstmuseum |

Zeitgenössische Skulpturen und Malerei aus Spanien und aller Welt, sensationell in Szene gesetzt in den Gemäuern des Castillo de San José. 24

2 **Fundación César Manrique, Tahíche**

| Ausstellungszentrum |

Im einstigen Wohnhaus des Künstlers taucht man in sein Leben ein, in seine Welt der Malerei, Architektur, Visionen und seine große Liebe zur Insel. 35

3 **Teguise**

| Altstadt |

Die frühere Hauptstadt wurde liebevoll saniert, aber nicht zu blank poliert. Sie ist ein Ort voller Charme – für Entdecker und Flaneure. 44

ADAC Empfehlungen:

1 Arrecife
Kunst, Shopping, Charme und Chaos

Die Playa del Reducto, ein perfekter Ort für entspannte Tage – oder eine Shoppingpause

ℹ Information

■ Oficina de Información Arrecife, Avenida La Marina (in der Casa de la Cultura Agustín de la Hoz), Tel. 620 26 47 03, www.turismolanzarote.com, Mo–Fr 9.30–17.30, Sa 10–13 Uhr
■ Parken siehe S. 30

Der Charme der Inselhauptstadt erschließt sich vielen – wenn überhaupt – erst auf den zweiten oder dritten Blick, weshalb die meisten Touristen entweder nur kurz bleiben oder gar nicht erst herkommen. Dabei hat sich Arrecife, das vor einiger Zeit tatsächlich noch recht langweilig und teilweise auch ein wenig ungepflegt war, in den letzten Jahren herausgeputzt: Neue Boulevards und andere Freizeitzonen sind entstanden, an jeder Ecke steht ein bemerkenswertes Kunstwerk, der Strand wurde prächtig saniert, das Stadttheater renoviert, und noch so einiges mehr hat sich zum Positiven gewandelt. Dennoch empfinden nicht nur Gäste, sondern auch viele Einheimische Arrecife noch immer als unattraktives Pflaster, in das man sich höchstens zum Arbeiten begibt oder um Behördengänge zu erledigen. Die meisten Angehörigen der bürgerlichen Kreise ziehen es vor, im Inselinneren zu leben oder in ei-

Plan
S. 20/21

der Hauptstadt Teguise im 15. Jh. an dieser Stelle der dazugehörige Hafen entstand. Eine große Siedlung war damals an der Küste undenkbar, sie wäre den vielen und mächtigen Piratenattacken, die Lanzarote in den ersten Jahrhunderten nach der spanischen Eroberung trafen, ausgeliefert gewesen. Arrecife löste Teguise erst 1852 als Hauptstadt ab, die Gefahr durch die Piraten war damals zurückgegangen, die Bedeutung des Hafens hatte dagegen deutlich zugenommen.

Heute wohnen 58500 Menschen aus 94 Nationalitäten in Lanzarotes Hauptstadt, darunter viele Lateinamerikaner, insbesondere Kubaner, aber auch zahlreiche Chinesen – und natürlich Zuwanderer aus ganz Europa, die sich wegen des Klimas, der Landschaften und der Kultur für ein Leben auf Lanzarote entschieden haben. Sie alle sorgen mit kulinarischen Spezialitäten, mit ihrer Musik und v.a. ihrer Alltagskultur für ein facettenreiches und weltoffenes Miteinander.

nem der westlichen Vororte am Strand wie etwa La Concha oder Playa Honda. Zum Einkaufen fahren sie lieber in die Shopping-Mall Deiland und nicht ins Zentrum der Hauptstadt.

Unter jüngeren Menschen hingegen, bei Künstlern, Kreativen und auch bei Urlaubern, die sich mit der Stadt beschäftigen, liegt Arrecife zunehmend im Trend. Sie genießen das reiche Kunst-, Kultur- und Musikangebot, die vielen Festivals, die zahlreichen neuen Ausgehmöglichkeiten – und das lebendige, unkonventionelle Flair dieser aufstrebenden Stadt.

Ein Riff (Spanisch: Arrecife) schützt hier die Küste, sodass nach der Gründung

ADAC *Spartipp*

Lanzadera genannte Kleinbusse verkehren kostenlos in beiden Richtungen entlang der Uferstraße. Fahrzeiten: Mo–Sa 7–22 Uhr, etwa im 20-minütigen Rhythmus. Start ist am Messegelände beim Cabildo Insular westlich des Zentrums, danach halten die Busse an der Überlandbusstation Intercambiador. Es folgen mehrere weitere Haltestellen bis zum Hafen Puerto de Naos – und zurück.

4 **Arrecife**

El Lomo

Calle A. Cano

La Destila

Playa del Reducto

Parque Islas Canarias

CIC El Almacén

Pl. de la Constitución

Parque José Ramírez Cerdá

Islote de Fermina

A t l a n t i s c h e r

Muelle Chico

1 **5**

Museo Internacional de Arte Contemporáneo (MIAC) (1 km)

Hospital Insular

Escuela de Náutica

Puerto de Naos

Charco San Ginés

Charco San Ginés

Manrique

entro Comercial *tlántida*

Iglesia San Ginés **6**

Ayuntamiento

Policía Municipal

Mercadillo **7** **Agrícola**

Recova Municipal

Islote del Francés

2 Marina Arrecife (300 m)

Casa *marilla* **9** **oga**

Casa de los Arroyo **4**

la Cultura *de la Hoz* *de la Música* **10**

Puente de las Bolas

Castillo de San Gabriel **11**

Islote de San Gabriel

O z e a n

0   200 m

Wer die Stadt gut kennenlernen möchte, sollte sich mindestens einen, möglichst zwei Tage Zeit nehmen. Immer mehr Gäste entscheiden sich sogar, einige Tage oder gar eine ganze Woche in einem Hotel in Arrecife zu wohnen. Wichtigster Treffpunkt, Ausgeh- und Gastrozone mit wunderschöner Kulisse ist – auch tagsüber – die Avenida César Manrique am Charco San Ginés. Wichtigste Einkaufsmeile: das südliche Ende der Calle León y Castillo. Prachtvoll zeigt Arrecife sich v.a. an der Küste mit der kilometerlangen Uferpromenade (Paseo Marítimo). Die Playa del Reducto ist einer der schönsten Strände aller Kanarischen Inseln. Und während nur wenige sehr alte Häuser erhalten geblieben sind, wurden viele Bauten aus dem 19. und 20. Jh. saniert – darunter auch das umstrittene Hochhaus an der Playa del Reducto, das 17 Stockwerke hohe Arrecife Gran Hotel. Nur wenige Meter abseits der Parks und Boulevards entdeckt man aber auch allenthalben verlassene Baustellen und andere Ruinen, sie sind Folgen von Fehlplanung, Korruption und Geldmangel. Arrecife glänzt – und bröckelt.

Kunst und Kultur, Strand und Shopping, Charme und Chaos: Für Menschen, die Kontraste und Überraschungen mögen, die Lebendigkeit mehr schätzen als Hochglanz, ist Arrecife eine liebenswerte Stadt. Ungewöhnlich ist sie allemal. Dazu tragen noch viele weitere Aspekte bei. Wie etwa die Sportmöglichkeiten: Wer möchte, kann lange Radtouren unternehmen, vom Hafen aus die Uferpromenade entlang und bis nach Puerto del Carmen, stets fernab vom Autoverkehr, auf einem gut ausgebauten Radweg. Kajakfahrern sowie Stand-up-Paddlern eröffnet Arrecife eine einzigartige Möglichkeit: Vom Strand Playa del Reducto können sie bis zum Charco San Ginés paddeln und dabei die schönsten Seiten der Stadt vom Wasser aus bestaunen.

ADAC *Mobil*

Arrecife ist in weiten Teilen **verkehrsberuhigt**, südlich der Straße Rambla Medular überwiegen enge Gassen und Einbahnstraßen, Parkplätze sind sehr knapp. Die Küstenstraße ist autofrei zwischen Arrecife Gran Hotel und Marina Arrecife, auch rund um den Charco San Ginés gibt es keinen Autoverkehr. Es empfiehlt sich somit dringend, den Wagen auf einem Parkplatz bzw. in einem Parkhaus am Rand des Zentrums abzustellen. Die Stadt lässt sich gut zu Fuß entdecken, außerdem gibt es kostenlose Busse (ADAC Spartipp, S. 19). **Überlandbusse** halten an der Estación de Guaguas nördlich der Rambla Medular nahe dem Fußballstadion. Aus Richtung Süden und Westen kommende Busse halten zudem auch an der Station Intercambiador de Guaguas westlich des Strandes Playa del Reducto.

 Sehenswert

 Charco San Ginés
| Stadtviertel |

 Essen, Ausgehen und die idyllischen Aussichten genießen

Ein Charco ist eigentlich eine Pfütze, in Arrecife steht die Bezeichnung aber für eine Lagune und ihre Umgebung – eine der schönsten Gegenden der Stadt und der Haupttreffpunkt am

Auf der Lagune Charco San Ginés dümpeln Fischerboote, das Ufer säumen Lokale

Abend. Viele nette Cafés, Bars und Restaurants reihen sich am Ufer des Sees, an der Avenida César Manrique. Das Spektrum der Lokale reicht von rustikal bis schick, auch am Hang oberhalb finden sich nette Adressen. Der Ausblick auf den See und auf die dahinterliegende Stadt mit der Kirche San Ginés ist besonders schön bei Sonnenuntergang. Wenn dann noch Hochwasser herrscht und viele Boote auf dem Charco dümpeln, wirkt die Stimmung sehr romantisch. Am nordwestlichen Ende ist außerdem ein Walskelett ausgestellt.

2 Marina Arrecife
| Jachthafen |

Der neue Sportboothafen wird von Seglern aus aller Welt bestens angenommen und ist zur Hochsaison im Herbst oft ausgebucht. Aber auch wer selbst nicht segelt, kann hier gute Momente erleben. Der Blick durch den Mastenwald auf die Stadt und die sich dahinter erhebenden Vulkane ist einzigartig und bietet ein wunderbares Fotomotiv. Zusätzlich verwöhnt die Besucher ein schönes, ganz in weiß gehaltenes Einkaufszentrum mit viel Gastronomie. Und die Lokale verfügen über Terrassen mit Panoramablick.

■ Avenida Olof Palme, www.caleromarinas.com, www.ccmarinalanzarote.com

3 Paseo Marítimo
| Uferpromenade |

Rekord! Etwa 17 km lang ist die Promenade, die vom Puerto de Naos, dem Hafen von Arrecife, Richtung Westen am Zentrum entlangführt, am Stadtstrand Playa del Reducto und schließlich immer, immer weiter, bis zur Altstadt von Puerto del Carmen. Fast die ganze Strecke ist von Sandstränden gesäumt, unterbrochen nur von weni-

Das Castillo de San José beherbergt das MIAC, das Museum für zeitgenössische Kunst

gen steinigen Abschnitten. Es gibt einen optisch abgetrennten Fahrradweg, bis auf wenige kurze Abschnitte ist der komplette Boulevard abends beleuchtet. Zahlreiche Skulpturen, Palmen und kunstvoll angelegte Gärten schmücken den Paseo Marítimo.

Die Verlängerung der Promenade bis nach Costa Teguise ist in Planung, aber schon jetzt ist dies der mit Abstand längste Fuß- und Radweg seiner Art in ganz Spanien. Vielleicht auch Europas?

④ Casa de los Arroyo
| Historisches Wohnhaus |

Eines der wenigen historischen Wohnhäuser der Stadt, deren Innenhof für Besucher geöffnet ist. Es wurde im 18. Jh. errichtet und ist heute denkmalgeschützt. Schmuckreiche Holztreppen und -galerien verbinden Erdgeschoss und erste Etage. Auch die Säulen sind aus Holz – ein Hinweis auf

Reichtum, denn Holz war und ist ein seltener Baustoff auf Lanzarote. Zudem sind zwei traditionelle Wasserfilter zu sehen. Diese in der Vergangenheit so wichtigen Vorrichtungen sind in vielen alten Wohnhäusern heute zwar nicht mehr in Betrieb, aber zur Erinnerung und als Dekoration erhalten. Im Erdgeschoss des Gebäudes hat die Gesellschaft zur Erforschung der Kanarischen Meeressäugetiere ihren Sitz, im Obergeschoss befinden sich Büros der Inselverwaltung.

■ Avenida Coll 3, Innenhof zugänglich Mo–Fr 8–15 Uhr

⑤ Museo Internacional de Arte Contemporáneo (MIAC)
| Kunstmuseum |

Aktuelle Kunst, stimmungsvoll in Szene gesetzt in alten Gemäuern

Internationales Museum für zeitgenössische Kunst: Das klingt nach einem mächtigen Anspruch für so eine kleine Stadt wie Arrecife. In Wirklichkeit sind sowohl die Dauer- als auch die Sonderausstellungen recht übersichtlich, doch wer eine Stunde in den Museumsbesuch investiert, wird sich jahrelang an das eindrucksvolle Erlebnis erinnern. Ein Schwerpunkt liegt auf skulpturalen Werken, daneben gibt es eine Vielzahl von Gemälden, insbesondere von kanarischen und iberischen Künstlern wie Óscar Domínguez, Antoni Tàpies, Cristino de Vera sowie natürlich Arbeiten des berühmten und geliebten Inselkünstlers César Manrique (auf dessen Initiative das Museum 1976 eröffnete) zu sehen.

Ebenso außergewöhnlich und beeindruckend wie die Kunst zeigt sich das Gebäude: die Festung Castillo de San José. Sie wurde im 18. Jh. erbaut, vermutlich weniger, um die Insel zu schützen, als um den Inselbewohnern eine Aufgabe zu geben – die wirtschaftliche

Situation war schlecht, das Bauvorhaben hatte also die Funktion einer Arbeitsbeschaffungsmaßnahme. Innen bieten Kuppelsäle, Treppen und Flure einen stimmungsvollen Rahmen für die Kunst, die Außenbereiche geben weite Blicke auf Stadt, Hafen und die Meerwasserentsalzungsanlagen frei.

Im Jahr 2016 neu hinzugekommen ist das Skulpturenensemble »La Marea Creciente« (»Die steigende Tide«) des Künstlers Jason deCaires Taylor, der auch das Unterwassermuseum Museo Atlántico (S. 114) schuf: Vier berittene Pferdefiguren aus Beton stehen im Wasser unterhalb des Castillo. Anstelle von Köpfen haben die Pferde Erdölpumpen, mit denen sie im Meer »weiden«. Es handelt sich um die Reproduktion eines Werkes, das Taylor für die Stadt London schuf.

■ Castillo de San José, Puerto de Naos, Tel. 901 20 03 00, www.cactlanzarote.com, tgl. 10–20 Uhr, 4 €, Kinder 2 €

Im Blickpunkt

Die verrückten Wochen – Karneval auf Lanzarote

Schon die ersten spanischen Siedler feierten Karneval auf den Kanarischen Inseln, seither ist das Fest hier nicht mehr wegzudenken. Der größte und berühmteste kanarische Karneval findet auf Teneriffa statt, doch auch auf Lanzarote begeht man ein rauschendes und berauschendes Fest. Es gibt zwei Arten von Karnevalsgruppen: Murgas tragen satirische Lieder vor, die sich auf Politik und Gesellschaft beziehen. Comparsas sind Musik-, Tanz- und Gesangsgruppen – mit Samba, Salsa, Merengue und schillernder Garderobe verbreiten sie lebensfrohes lateinamerikanisches Flair.

Mit dem »Begräbnis der Sardine« enden die Feierlichkeiten. Die Karnevalsgemeinde legt ihre Verkleidung ab und hüllt sich in Trauergewänder. Begleitet von lautem Wehklagen wird ein riesenhafter Fisch aus Pappe verbrannt. In Arrecife finden die Umzüge an Rosenmontag und Aschermittwoch statt. Weitere Karnevalsumzüge gibt es anschließend in San Bartolomé, Puerto del Carmen, Costa Teguise, Tinajo, Haría, Playa Blanca und auf La Graciosa. Wer möchte, kann also viele Wochen am Stück den Karneval genießen.

Die Calle León y Castillo ist die Haupt-shoppingmeile von Arrecife

6 Iglesia San Ginés
| Kirche |

Nur drei Kirchen auf der ganzen Insel öffnen jeden Tag, darunter die kleine Hauptkirche von Arrecife. An ihrer Stelle entstand 1574 die erste Kapelle der Stadt. Nachdem diese durch eine Flut zerstört wurde, erbaute man im 18. Jh. eine einschiffige Kirche, später kamen zwei weitere Kirchenschiffe hinzu, in den 1840er-Jahren entstand der Turm. Seither blieb das Bauwerk weitgehend unverändert. Das weiße Gotteshaus, nur mit wenigen grauen Steinelementen verziert, wirkt äußerlich schlicht und elegant. Auch im Inneren herrscht wenig Pomp, wertvoll ist allerdings die Holzdecke im Mudéjarstil, inseltypisch sind die Säulen und Rundbögen aus dunklem Lavastein.

Ein idyllischer Ort ist auch der kleine, ruhige Kirchenvorplatz mit seinen Lorbeerbäumen, Palmen und grünen Bänken. Davon, dass manchmal einige Obdachlose hier ihre Lager aufschlagen und betteln, sollte man sich nicht beeinträchtigen lassen.

■ Plaza de las Palmas, tgl. 9–13, 17–20 Uhr, Messe tgl. 19.30, Sa auch 13.15, So auch 10.30, 12 Uhr

7 Mercadillo Agrícola
| Markt |

An wenigen Marktständen bieten Einheimische auf dem schönen Kirchenplatz die Früchte ihrer Gärten und Felder an, etwa Kartoffeln, Bananen, Paprika, Gurken, Papayas oder Mandarinen. Zudem gibt es feine Produkte aus kleinen Manufakturen: Käse, Mojo-Soßen, Liköre und Schnäpse, Wein, Brot und Kuchen … Oft treten während der Marktzeiten auch Folkloretanz- und -musikgruppen auf. Zur gleichen Zeit öffnen Marktstände an der Calle León y Castillo, dort werden jedoch v.a. billige Kleidung und andere wenig ansprechende Waren angeboten.

■ Plaza de las Palmas, Sa 10–14 Uhr

8 Calle León y Castillo
| Einkaufsmeile |

Das südliche Ende der einige Kilometer langen Straße ist eine Fußgängerzone und die Hauptshoppingmeile der Stadt, die Einheimischen nennen diesen Straßenabschnitt »Calle Real«. Modegeschäfte, Parfümerien, Banken, ein großer Supermarkt und kleine Souvenirläden reihen sich aneinander, es stehen aber auch einige Geschäfte leer – typisch Arrecife. Unter prächtigen Flammenbäumen (Flamboyants) flanieren die Menschen oder sitzen auf Caféterrassen. Hier kann man nicht nur gut einkaufen, sondern auch in den Alltag der Stadtbewohner eintauchen.

⑨ Casa Amarilla
| Ausstellungszentrum |

Das einstige Gebäude der Inselregierung (Cabildo Insular) ist mit Glaskeramikfliesen in grünlichen und ockerfarbenen Tönen verkleidet, trotzdem wird es »Gelbes Haus« (Casa Amarilla) genannt. Es wurde in den 1920er-Jahren erbaut. Im Erdgeschoss befindet sich heute ein Ausstellungszentrum, das sich mit wechselnden Schauen der Geschichte, Kunst und Natur der Insel widmet. Im schönen kleinen Souvenirshop kann man Kunsthandwerk, Schmuck, Feinkost und mehrsprachige Literatur über Lanzarote erwerben.
■ Calle León y Castillo 6, Tel. 901 20 03 00, www.cactlanzarote.com, Mo–Fr 10–14, 16–20, Sa 10–14 Uhr, 2 €, Kinder frei

⑩ Puente de las Bolas
| Brücke |

Die 175 m lange Brücke verbindet die Festung Castillo de San Gabriel mit dem Paseo Marítimo, sie ist ein Wahrzeichen der Stadt und eines der beliebtesten Fotomotive. In das im 16. Jh. errichtete Bauwerk ist eine hölzerne Zugbrücke integriert, auf zwei hohen Säulen erkennt man die namensgebenden großen Steinkugeln (Puente de las Bolas = Brücke mit Kugeln). Von der Brücke bieten sich schöne Ausblicke auf die Stadt.

⑪ Castillo de San Gabriel
| Burg |

Auf einem vorgelagerten Felsinselchen befindet sich die kleine, zwischen 1593 und 1598 erbaute Burg. Bereits zuvor stand an derselben Stelle eine Festung, die jedoch bei einem Piratenangriff zerstört wurde. Auch später war das Bauwerk immer wieder das Ziel von Piraten, und es wurde fortlaufend aus- und umgebaut. Heute beherbergt es das Museum für die Geschichte Arrecifes (Museo de Historia de Arrecife) – wobei es sich eher um ein begehbares Buch handelt als um ein Museum, denn die Ausstellung besteht beinahe

Die Puente de las Bolas ist ein Wahrzeichen Arrecifes, und das Wasser ist wirklich so klar

ausschließlich aus Texttafeln in spanischer Sprache. Trotzdem lohnt sich ein Besuch auf der Festungsinsel auch für nicht Spanisch sprechende Touristen, denn sie bietet sehr schöne Ausblicke. An der Burg erstreckt sich ein kleiner, vor Wind und Wellen geschützter Sandstrand, den Einheimische gern nutzen.

■ Museo de Historia de Arrecife, Tel. 928 80 28 84, Mo–Fr 10–17, Sa 10–14 Uhr, 3 €, Kinder frei

12 Casa de la Cultura Agustín de la Hoz
| Kulturzentrum |

 Kunsterlebnisse und Events in edlem historischem Ambiente

Zwölf Jahre lang war das Kulturzentrum geschlossen, 2017 öffnete es wieder seine Pforten. In einem noblen alten Wohnhaus, aufwendig restauriert und mit wunderschönem Innenhof, sind Kunstausstellungen zu sehen, es gibt Konzerte und andere kulturelle Veranstaltungen. Im Erdgeschoss ist ein Raum César Manrique gewidmet, hier ist ein Wandgemälde des berühmten Inselkünstlers zu sehen, hinzu kommen weitere Werke von ihm.

Das Kulturzentrum ist nach einem großen Schriftsteller und Historiker Lanzarotes, Agustín de la Hoz Betancort (1926–1988), benannt.

■ Avenida La Marina, Tel. 928 84 79 78, Mo–Fr 9–14, 17–21, Sa 10–14, 17–21, So 10–14 Uhr, Eintritt frei

13 CIC El Almacén
| Kulturzentrum |

Zwei ehemalige Wohnhäuser aus dem 19. Jh. wurden vereint und zunächst in eine Musikschule umfunktioniert, 1973 erwarb der Künstler César Manrique den Komplex und richtete hier ein Kulturzentrum ein. Seit dem Jahr 1989 wird es von der Kulturabteilung der Inselverwaltung betrieben. Es gibt mehrere Ausstellungs- und Veranstaltungsräume, eine gut besuchte Bar sowie ein Art-House-Kino, das auch anspruchsvolle Filme zeigt. Recht oft steht hier auch moderner Tanz auf dem Veranstaltungskalender, ein rundes abendliches Kulturprogramm besteht etwa aus dem Besuch einer Ausstellung mit einem anschließenden Drink in der Bar und schließlich dem Genuss eines Tanzstücks.

Die Abkürzung CIC steht für Centro de Innovación Cultural (Zentrum für kulturelle Innovation).

■ Calle José Betancort 33, http://cultura lanzarote.com, Mo–Fr 10–21, Sa 10–14 Uhr, wechselnde Eintrittspreise

14 Parque José Ramírez Cerdá
| Park |

Ein breiter Boulevard, Gartenanlagen mit hohen Palmen, Bänke und dazu ein Musikpavillon (in dem bis heute von Zeit zu Zeit Konzerte stattfinden): Der 1960 eingeweihte öffentliche Park war der erste der Stadt – und ist bis heute ein beliebter Freizeitort und Treffpunkt. Die Touristeninformation befindet sich (anders als in manchen älteren Karten eingezeichnet) nicht mehr im Musikpavillon, sondern in einem Raum der Casa de la Cultura Agustín de la Hoz (S. 28).

15 Parque Islas Canarias
| Park |

Rasenflächen, Bänke mit Meerblick, Bäume, Kaktus- und Blumenbeete, v.a. aber die zahlreichen Skulpturen machen diese neuere Parkanlage (eröffnet 2004) zu einem besonders schönen Aufenthaltsort beim Spaziergang auf der Uferpromenade.

Direkt am Meer: der Parque José Ramírez Cerdá mit dem Musikpavillon

 Playa del Reducto
| Strand |

 Ruhig, sauber und wunderschön: Arrecifes Stadtstrand

Beim Stadtbummel oder zwischen zwei Museumsbesuchen mal eben ins Wasser springen: Dieser Traum geht hier in Erfüllung. Der feine helle Sand wurde z. T. aus den Dünen von Famara hierher gebracht, er sieht schön aus und fühlt sich wunderbar an. Palmen spenden Schatten, natürliche und künstliche Riffs halten Strömung und Wellen fern – Arrecifes Stadtstrand ist ein sehr erholsamer Ort und zum Baden bestens geeignet. Natürlich gibt es auch eine Badeaufsicht, Liegen, Duschen usw. Der Strand beginnt am Grand Hotel und verläuft bis zum Parque Temático. Er ist rund 600 m lang, bei Ebbe um die 100 m, bei Flut um die 40 m breit – und nie überfüllt.

 Parque Temático
| Park |

Der Name »Themenpark« ist irreführend – außer schöner und aktiver Freizeitgestaltung hat dieser Park kein spezielles Thema. Zahlreiche Bänke stehen zwischen Kaktusgärten und vielen Bäumen, es gibt einen Kinderspielplatz, einen Skateboard-Park und sogar einen Hundespielplatz – eine Auslaufzone mit Spiel- und Fitnessgeräten für Vierbeiner. Zudem zieren zahlreiche Kunstwerke den größten Park der Stadt, der direkt an der Uferpromenade liegt, die Arrecife mit Puerto del Carmen verbindet.

Hinter dem Park befindet sich das große, prachtvolle Gebäude des Cabildo Insular, der Inselregierung, es ist ockerfarben gestrichen – in Anlehnung an die Casa Amarilla, den früheren Sitz des Cabildo. Ebenfalls nah am Park stehen

29

Die Dame schaut verträumt aufs Meer – im Parque Temático, den viel Kunst schmückt

eine Messehalle (Recinto Ferial) und ein Mehrzweckbau, sie sind beide recht heruntergekommen und bilden einen krassen Kontrast zum edlen Regierungsgebäude und zum schönen Park – ein typisches Bild in Arrecife.

Verkehrsmittel

Busse der Linien 22 (Mo–Fr) und 23 (Sa, So) verkehren zwischen dem Flughafen und Arrecife. Zentrale Haltestellen in Arrecife sind »Estación de Guaguas« an der Straße Rambla Medular und »Intercambiador Playa del Reducto«. Fahrpreis pro Strecke: 1,40 €. Infos und Fahrpläne: https://arrecifebus.com. Eine **Taxifahrt** vom Flughafen nach Arrecife kostet ca. 18 €.

P Parken

Kostenfrei/unbewacht: am Busbahnhof (»Parada de Guaguas«) beim Cabildo Insular (westlich der Playa del Re-

ducto); südlich des Kreisverkehrs beim Parque Temático und Recinto Ferial (Messehalle); Schotterparkplatz beim Charco San Ginés, an der Avenida Olof Palme, gegenüber Marina Arrecife.

Kostenpflichtig: Tiefgarage unter dem Parque Islas Canarias, Einfahrt am Arrecife Gran Hotel, Tel. 928 80 01 42, tgl. 24 Std. geöffnet, 2,25 €/Std., 20 €/Tag; bewachter Parkplatz an der Uferstraße nahe Charco San Ginés, Mo–Fr 7.30–21, Sa 7.30–15 Uhr, 1 €/Tag.

Restaurants

€ | Casa Tere Rustikale Küche: Fisch, Fleisch und Gemüse, alles sehr einfach, sehr frisch, sehr köstlich. An der Strandpromenade im Vorort Playa Honda. ■ Avenida Playa Honda 40, Tel. 928 82 17 06, Di–So mittags bis abends, Plan S. 20/21, westl. a3

€€ | Divina Italia Schickes italienisches Lokal mit großer Terrasse direkt am Charco San Ginés. Neben Pasta- und

Pizza-Klassikern stehen auch fantasie-vollere Speisen auf der Karte. ■ Avenida César Manrique 16, Tel. 928 83 93 59, Di–So 12–23 Uhr, Plan S. 20/21, d1

€€ | **Emmax** Gehobene italienische und internationale Küche, auch ve-getarische und vegane Gerichte. Am Strand im Vorort Playa Honda. ■ Aveni-da Playa Honda 16, Tel. 928 82 09 17, Mo, Mi–Sa mittags bis abends, So mittags bis 21 Uhr, Plan S. 20/21, westl. a3

€€ | **Lilium** Gehobene kanarische und internationale Küche, dazu ein schö-ner Ausblick auf den Jachthafen und die Stadt. Das Restaurant ist klein, eine Reservierung ist empfohlen. ■ Avenida Olof Palme, Centro Comercial Marina Lanzarote, Tel. 928 52 49 78, http://restau-rantelilium.com, Mo–Sa mittags und abends, Plan S. 20/21, östl. f2

€€ | **Naia** Baskische Gerichte, kreativ, frisch, köstlich. Sehr netter Service. Wer möchte, kann auch nur ein Getränk und ein paar feine Kleinigkeiten be-stellen und den Blick auf den Charco San Ginés genießen. ■ Avenida César Manrique 33, Tel. 928 80 57 97, Mo–Sa durchgehend geöffnet, Küche mittags und abends, Plan S. 20/21, d1

ADAC *Spartipp*

In der gesamten spanischen Gastro-nomie, ob auf dem Festland oder den Inseln, ist es Usus, ein **Menú del día** anzubieten, also einen Mit-tagstisch. Im Komplettpreis von 9–12 € sind enthalten: Vorspeise und Hauptgericht, Wasser, Brot und wahlweise Dessert oder Kaffee. In manchen Lokalen ist zudem ein Glas Wein inklusive. Serviert wird das Menú etwa von 13 bis 16 Uhr. In Arrecife, Teguise oder Haría gibt es allenthalben ein Menú del día, aber auch in den Touristenorten werden solche Menüs angeboten. Nur muss man dort vielleicht ein wenig danach suchen.

 Cafés

La Plazuela Sehr nette kleine Café-Bar und beliebter Treffpunkt bei Einhei-mischen. Serviert werden Tapas, Sand-wiches, guter Kaffee, lanzarotischer Wein. Große Terrasse. ■ Plaza de la Constitución, Tel. 677 87 74 29, Mo–Fr von

Im Blickpunkt

Kaffee für Kenner

Die Vielzahl der in Cafés erhältlichen Kaffeespezialitäten ist beachtlich. Dies sind die wichtigsten: »café solo« (starker kleiner Kaffee, Espresso), »cortado« (Espresso mit einem Schuss Milch), »café americano« (verlängerter Espresso), »cortado largo« bzw. »café con leche« (Milchkaffee), »café bombón« (Espresso mit sehr süßer, dickflüssiger Kondensmilch), »café leche y leche« (Espresso mit süßer Kondensmilch und Vollmilch), »capuccino« (Espresso mit aufgeschäum-ter Milch), »barraquito« (Espresso mit Milch, gesüßter Kondensmilch, Zitronen-schale, Likör und Zimt – gern auch als Dessert). Sehr erfrischend ist der »café con hielo«: ein »café solo« oder »americano«, den man zunächst süßt, in der Tasse umrührt und dann in ein Glas mit Eiswürfeln schüttet.

morgens bis zum frühen Abend, Sa nur bis zum Nachmittag, Plan S. 20/21, c3

Pastelaría Jonay Schlicht gestaltetes Café mit einer großen Auswahl an köstlichsten Kuchen und Torten. Außerdem gibt es zahlreiche Sorten frisches Brot zum Mitnehmen. Die kleine Terrasse verfügt über Meerblick. ■ Avenida La Marina 6, Tel. 928 80 18 62, tgl. morgens bis zum frühen Abend, Plan S. 20/21, d3

 Einkaufen

Centro Comercial Deiland Das größte Einkaufszentrum auf Lanzarote wirkt überdimensioniert, ist aber sehr beliebt bei den Inselbewohnern, denn nur hier bekommen sie fast alles, was sie im Alltag brauchen oder sich wünschen. Neben zahlreichen Modeläden findet man einen Optiker, ein Geschäft für Elektrogeräte, einen Schreibwarenladen, ein Spielzeuggeschäft, einen Musikalienhandel und vieles mehr. Außerdem: Kino, Bowlingbahn, Gastronomie. Und es gibt mehr als 600 kostenlose Parkplätze. ■ Calle Chimidas 20, Playa Honda, Tel. 928 82 36 45, http://deilandplaza.com, Geschäfte Mo–Sa 10–22, So 11–21 Uhr, Plan S. 20/21, westl. a3

 Bühne

Teatro El Salinero Im modernen, kürzlich renovierten Stadttheater mit 592 Plätzen gastieren große und kleine Ensembles sowie Musiker von der Insel, aus ganz Spanien und manchmal auch aus dem Ausland. Neben Sprechtheater und Konzerten stehen Tanz, Kabarett und andere Kleinkunst auf dem Programm. ■ Rambla Medular 65, Tel. 928 81 01 00, http://culturalanzarote.com, Plan S. 20/21, nördl. a1

Y **Kneipen, Bars und Clubs**

Kopas Lounge Schicke Cocktailbar mit weißen Sofas auf der großen Terrasse und Blick auf den Jachthafen. Gleich nebenan öffnet am Wochenende die dazugehörige Disco. ■ Marina Arrecife, Tel. 928 83 99 14, So–Do 16–2, Fr, Sa 16–4 Uhr, Plan S. 20/21, östl. f2

La Botica Schlichte Bar mit großer Terrasse zur Promenade, in den Abendstunden einer der beliebtesten Treffpunkte am Strand mit vielen einheimischen Gästen. ■ Avenida Fred Ohlsen 9, Tel. 928 81 21 15, tgl. von morgens bis nachts, Plan S. 20/21, westl. a3

Pool & Bar Arrecife Gran Hotel Die Poolbar des edlen Hotels bietet feine Cocktails und einen schönen Ausblick auf die Playa del Reducto. Freitags und samstags Livemusik, aktuelle Termine auf der Hotelwebsite. ■ Parque Islas Canarias, Tel. 928 80 00 00, www.aghotelspa.com, tgl. von vormittags bis in die Nacht, wechselnde Eintrittspreise bei Konzerten, Plan S. 20/21, b3

Star City Panoramabar im 17. Stock des Fünf-Sterne-Hotels Arrecife Gran Hotel. Ausgezeichnete Drinks, Salate und andere kleine Speisen bekommt man bis tief in die Nacht. ■ Parque Islas Canarias, Tel. 928 80 00 00, www.aghotel

ADAC *Mittendrin*

Das Livemusikfestival **Arrecife en vivo** (S. 33) ist eine hervorragende Möglichkeit, nicht nur sehr gute Konzerte kostenlos zu erleben, sondern auch Einheimische kennenzulernen und mit ihnen zu feiern. Bei den Open-Air-Events treffen sich Hunderte bis Tausende Stadtbewohner, auch aus anderen Teilen der Insel reisen Gäste an.

Eines von vielen Straßencafés unter Flammenbäumen in der Calle León y Castillo

spa.com, tgl. von vormittags bis in die Nacht, Plan S. 20/21, b3

Kinos

Multicines Atlántida Das Kino hat fünf Säle und ist einer der wichtigsten Treffpunkte der Stadt, v.a. junge Menschen starten hier gern in den Abend. Der Hauptsaal heißt Sala Teatro und sieht auch so aus, mit Rang, roten Samtsitzen und ebensolchem Teppich. Bisweilen wird die Guckkastenbühne für Theateraufführungen oder Konzerte genutzt, ansonsten dient auch dieser Saal als Kino. Alle Filme laufen in spanischer Sprache. ■ Calle León y Castillo 42, Tel. 928 81 03 48, 5–7 €, Plan S. 20/21, d2

Events

Arrecife en vivo Alljährlich im September/Oktober steigt das Livemusik-Festival mit Open-Air-Konzerten an vier aufeinanderfolgenden Freitagen. Mehrere Bühnen stehen an besonders schönen Orten der Stadt, etwa am Charco San Ginés, an der Marina Arrecife und an der Playa del Reducto. Jeweils vom frühen Abend bis in die Nacht treten internationale Bands auf, und fast die ganze Stadt, vom Kind bis zum Urgroßvater, ist auf den Beinen. ■ www.arrecifeenvivo.com, vier Freitage im Sept. und Okt., Eintritt frei

Fiesta de San Ginés Die Festlichkeiten zu Ehren des Schutzheiligen von Arrecife sind ein wichtiges religiöses Ereignis der Insel – und zugleich ein riesiges Volksfest. Etwa zehn bis 14 Tage lang gibt es Sportveranstaltungen, Umzüge, Folkloreaufführungen, Rock- und Popkonzerte, rund um die Kirche und den Charco stehen Bühnen, Verkaufs- und Imbissstände, aber auch in anderen Teilen der Stadt wird gefeiert,

Arrecifes Karneval ist unverkennbar von Lateinamerika inspiriert

etwa an der Playa del Reducto. Höhepunkt ist der Tag des San Ginés, der 25. August, mit Messe, Prozession, Konzerten, Feuerwerk.■ Beginn um den 12. Aug., Hauptfesttag ist der 25. Aug., Ende etwa zwei Tage später

 Karneval Das wichtigste Volksfest der Insel, die größten Karnevalsfeierlichkeiten gibt es in Arrecife. Schon Tage vor Rosenmontag geht es los mit der Wahl der Karnevalskönigin und dem Wettbewerb der »murgas« (Musikkapellen). Höhepunkt ist der Karnevalsumzug, der am Abend des Rosenmontags am Fußballstadion (Avenida Alcalde Ginés de la Hoz) beginnt und dann die Rambla Medular entlang bis zum Cabildo Insular führt. Eine weitere große Veranstaltung ist der Umzug Entierro de la Sardina (Begräbnis der Sardine) am Aschermitt-

woch, mit dem der Karneval in Arrecife endet. Eine schwarz gekleidete »Trauergemeinde« geleitet eine Pappsardine von der Escuela de Pesca (Avenida de Naos 2, gegenüber Marina Arrecife) zur Playa del Reducto, wo sie feierlich verbrannt wird.■ www.carnavalarrecife. es, Rosenmontag und Aschermittwoch

 Sport

La Santa Activity Der Laden verleiht Sportgeräte für Aktivitäten in Arrecife: Fahrräder für Fahrten auf der Uferpromenade und bis nach Puerto del Carmen (auf einem extra ausgewiesenen Radweg); Stand-Up-Paddle-Boards für Touren von der Playa del Reducto bis zum Charco San Ginés und zurück; Kajaks für Ausflüge im ruhigen Wasser vor der Stadt. Im Angebot der Agentur sind auch Kurse, etwa zweistündige Stand-Up-Paddle-Einführungen.■ Avenida Fred Olsen 7, Tel. 722 33 37 91, http:// lasantaactivity.com, tgl. 9–20 Uhr, Plan S. 20/21, westl. a3

In der Umgebung

Playa Honda
| Strand |
Etwa 5 km westlich vom Zentrum Arrecifes befindet sich das Wohnviertel Playa Honda am gleichnamigen Strand – bzw. einer Reihe von Stränden. Geschützte Buchten und lang gestreckte Strände mit feinem Sand wechseln sich ab. Es kommen nicht viele Touristen, aber die Einheimischen verbringen hier gern ihre Freizeit. Vor allem am Abend und an Sommerwochenenden herrscht ein fröhliches Familienleben, ansonsten ist es meistens ruhig. Mehrere nette Restaurants, Cafés und Bars säumen die Uferpromenade.

2 Fundación César Manrique

 Malerei, Architektur und Leben: im Reich des großen Künstlers

ℹ Information

◼ Taro de Tahíche, Calle Jorge Luis Borges 16, Tahíche, Tel. 928 84 31 38, http://fcmanrique.org, tgl. 10–18 Uhr, 8 €, Kinder 1 €

Mitten in einem Lavastrom erhebt sich das Haus, das der Künstler César Manrique entwarf und von 1968 an 20 Jahre lang bewohnte – es wirkt, als sei die heiße Vulkanasche um das Bauwerk herumgeflossen und teilweise auch hinein. Später gestaltete Manrique selbst das Gebäude zu einem Kultur- und Ausstellungszentrum um. Schon im Jahr 1982 hatte er hier gemeinsam mit Freunden die Stiftung Fundación César Manrique gegründet, die sich

ADAC *Spartipp*

Wer neben der Fundación César Manrique in Tahíche auch die Casa-Museo César Manrique in Haría besuchen möchte, spart mit einem **Kombiticket** 3 €.

seither der Förderung der Künste und dem Einklang von Kultur und Umwelt auf der Insel widmet. Bis heute hat die Stiftung hier ihren Sitz.

Das obere Geschoss des zweistöckigen Gebäudes ist v. a. der zeitgenössischen Bildenden Kunst gewidmet, ausgestellt sind Werke aus der Sammlung des Künstlers und seiner Stiftung, darunter Zeichnungen von Pablo Picasso, Eduardo Chillida und Antonio Tápies sowie Gemälde von Manuel Hernández Mompó, Pedro González oder dem bedeutenden lanzarotischen Maler und Fotografen Ildefonso Aguilar. Weitere Räume zeigen César Manriques Schaffen: Malerei, Skulpturen sowie

Eindrucksvolle Kargheit: Garten und Wandgemälde in der Fundación César Manrique

Architekturentwürfe. Als Kunstwerk inszeniert ist auch die umgebende Landschaft, ein großes Fenster umrahmt sie wie ein Gemälde.

Das zweite, unterirdische Stockwerk wird maßgeblich von fünf natürlichen Lavablasen gebildet, die Manrique zu spektakulären Gesellschafts- und Wohnräumen ausgestaltete. Gartenanlagen mit einem Swimmingpool, einer beweglichen Skulptur und einem großflächigen Wandgemälde ergänzen das Gebäudeensemble.

3 Costa Teguise

Lebhafter Urlaubsort mit Charme – für Strandurlaub und Sport

 Information

◼ Oficina de Información Turística, Avenida Islas Canarias (nahe Pueblo Marinero), Tel. 928 59 25 42, www.turismo teguise.com, Mo–Fr 9–16.30, Sa, So 9–14.30 Uhr

Als die ersten Tourismus-Betonburgen auf den Kanaren entstanden, beschloss die Inselverwaltung von Lanzarote, in Zusammenarbeit mit dem Künstler César Manrique ein Gegenbeispiel zu schaffen: Costa Teguise sollte eine anspruchsvolle Feriensiedlung werden, die sich harmonisch in ihre Umgebung einfügt. Der Ort liegt am Rande einer Reihe kleiner und größerer Buchten, teils mit hellem Naturstrand. Zuerst eröffnete ein Fünf-Sterne-Hotel (das heutige Gran Meliä Salinas), Manrique schuf dafür eine Swimmingpool- und Gartenlandschaft. Später entstanden Apartmentanlagen im kanarischen Stil und Palmenalleen, alle Telefon- und Stromleitungen des Ortes verlegte man unterirdisch. Schon lange gibt es in Costa Teguise auch eine ganze Menge weniger anspruchsvolle Architektur, und in dem Ort geht es sehr lebhaft zu, dennoch wirkt Costa Teguise charmant und liebenswert. Das Publikum ist sehr gemischt, viele ältere Urlauber kommen seit Jahrzehnten immer wieder, viele

Im Ferienort Costa Teguise, oberhalb des Hauptstrandes Playa de las Cucharas

César Manrique: Kunst fürs Leben – ein Leben für die Kunst

Kaum ein Künstler hat in seiner Umgebung so vieles so nachhaltig bewirkt wie César Manrique. Er schuf nicht nur Kunstwerke auf Leinwand, aus Stein und in der Natur, sondern er erreichte auch, dass seine Mitmenschen die Schönheit und Verletzlichkeit ihrer Insel erkannten, schützten und förderten. Dank ihm gilt Lanzarote heute – trotz mancher Bausünden – als eine Art Gesamtkunstwerk. Geboren wurde Manrique 1919 in Arrecife, sein Kunststudium absolvierte er in Madrid. Bald machte er auch über Spanien hinaus von sich reden. Auf Einladung des Gouverneurs Nelson Rockefeller arbeitete und studierte der Künstler ab 1964 in New York, eine Weltkarriere schien vor ihm zu liegen. Doch schon 1966 kehrte er für immer in seine Heimat zurück. Die Bewahrung und die behutsame Ausformung der Landschaft Lanzarotes sollten sein Lebensziel sein.

Liebe und Angst waren Manriques Motivation: Er spürte eine tiefe Verbundenheit zu der vulkanisch-kargen Insel, und voller Grauen beobachtete er, was der Tourismus anderswo anrichtete. Mit künstlerischem Geschick und guten Argumenten setzte er z. B. durch, dass weder Werbetafeln noch Hochhäuser die Landschaft verschandeln. Und Jahrzehnte bevor der Begriff des »nachhaltigen Tourismus« erfunden wurde, propagierte er eine kulturell und ökologisch verträgliche Form des Fremdenverkehrs.

Sei es die ästhetische Gestaltung von Siedlungen, öffentlichen Gartenanlagen oder Kreisverkehren, sei es der simple Umstand, dass die Fensterläden fast aller traditioneller Häuser im selben Grün gestrichen sind: Dies und vieles mehr geht auf Manrique zurück. Hinzu kommen die Architekturkunstwerke, die er in die Inselnatur integrierte, darunter das Monumento al Campesino (S. 57), Jardín de Cactus (S. 66), Jameos del Agua (S. 71) und Mirador del Río (S. 78).

Es war der 25. September 1992, als César Manrique an einer Kreuzung tödlich verunglückte, wenige Meter von einem Haus entfernt, das er einst in Taro de Tahíche gebaut und bewohnt hatte. Heute ist es ein Ausstellungszentrum und Sitz der Fundación César Manrique (S. 35). Prompt war nach dem Unfall die Rede von Verschwörung, von Mord. Schließlich galt Manriques Handeln bis zuletzt als umstritten. Doch die Untersuchungen ergaben: Der Künstler hatte den Unfall selbst verursacht. An der Unfallstelle wurde ein Kreisverkehr angelegt, in seiner Mitte das Metallwindspiel »Fobos« nach einem Entwurf Manriques errichtet.

Am 6. Oktober 1993 erklärte die UNESCO ganz Lanzarote zum Biosphärenreservat – ein Ereignis, auf das Manrique mit viel Engagement hingearbeitet hatte. Der Titel beinhaltet zugleich hohe Auflagen. So wirkt Manriques Handeln im großen Zusammenhang bis heute weiter. Und auch im Kleinen, Alltäglichen sind seine Ideen präsent: Bis heute stehen keine Werbeplakate an Lanzarotes Landstraßen, dafür fahren bunt gestaltete Mietwagen (nach einem Manrique-Entwurf) über die Insel, und sogar das bekannte Inselsymbol, die schwarze Sonne mit roten Strahlen, entstand einst in Manriques Atelier.

jüngere Menschen reisen gern wegen des großen Sportangebots hierher.

 Sehenswert

Pueblo Marinero
| Stadtteil |
Mitten im Ort liegt die geschlossene Siedlung mit dem verwirrenden Namen »Fischerdorf« – sie entstand 1979 bis 1982 nach Plänen des Künstlers César Manrique und des Architekten Alfonso Galán. Ihre Idee war, inmitten des durchgeplanten Urlaubszentrums Costa Teguise eine Art »Dorf« zu erschaffen, das wirkt, als sei es ursprünglich und ungeplant gewachsen. Dicht gedrängt stehen rund um kleine Plätze niedrige, unterschiedlich gestaltete Häuser, z.T. mit Holzbalkonen. Heute beherbergen die Gebäude Bars, Geschäfte und internationale Restaurants, oft läuft laute Discomusik, und auf den Terrassen stehen Plastikstühle. Der Besuch des Pueblo Marinero lohnt sich insbesondere an Markttagen (S. 40).

■ Avenida Islas Canarias

Playa de las Cucharas
| Strand |
Der Hauptstrand von Costa Teguise ist schön breit, 640 m lang, hat feinen

Perfekt für Surfer: die Playa de las Cucharas – Badenden kommen sie nicht in die Quere

hellen Sand, liegt in einer geschützten Bucht und ist auch bei Surfern sehr beliebt. Eine Infrastruktur (wie Badeaufsicht, Duschen usw.) ist vorhanden. Liegen und Sonnenschirme fehlten in der Vergangenheit zeitweise aufgrund bürokratischer Verwicklungen, aber mittlerweile und in Zukunft sollte auch dieser Komfort wieder regelmäßig im Angebot sein. Am Ende einer Mole, vom Strand aus sichtbar, ragt die dreiteilige, bis zu 15 m hohe Eisenskulptur »Juguetes de Erjos« von José Abad (geb. 1942, Teneriffa) auf. Kleiner, aber beinahe ebenso schön und sehr viel ruhiger ist der nordöstlich gelegene Strand Playa de los Charcos.

Playa del Jablillo
| Strand |

Heller Sandstrand und dunkle Felsen treffen hier aufeinander, geschützt durch eine Mole. Dank der verwinkelten Felsformationen findet jeder, der möchte, ein ruhiges Eckchen für sich. Ein Strand, der nicht dem Klischee vom »Traumstrand« entspricht, aber sein ganz eigenes Flair hat. An der Promenade hinter der Playa erheben sich zwei alte, traditionelle Windmühlen. Etwas weiter in südwestlicher Richtung erstreckt sich der 375 m lange Sandstrand Playa Bastián.

Paseo Marítimo
| Promenade |

Eine gut 3 km lange Promenade führt von der Playa de las Cucharas am Ufer entlang Richtung Südwesten. Bänke, Cafés und Restaurants sorgen für Erholung – Palmen, Gärten, Kunstwerke, Strände, Felsen und das Meer sorgen für wunderschöne Eindrücke. Nur die Meerwasserentsalzunganlage, auf die man beim Spaziergang in Richtung Süden schaut, wirkt weniger malerisch. Eine Verbindung mit der Promenade in Arrecife ist in Planung. Anders als dort gibt es an der Promenade von Costa Teguise leider keinen Radweg.

Verkehrsmittel

Von Arrecife fahren **Busse** der Linien 1, 3 und 25 nach Costa Teguise, die Fahrt kostet 1,40 €. Wer vom Flughafen nach Costa Teguise fahren möchte, nimmt zunächst Busse der Linien 22 (Mo–Fr) oder 23 (Sa, So) nach Arrecife und steigt an der dortigen »Estación de Guaguas« (an der Straße Rambla Medular) oder am »Intercambiador Playa del Reducto« um. Fahrpreis Flughafen

– Costa Teguise: 2,55 €. Infos und Fahrpläne auf https://arrecifebus.com.
Eine **Taxifahrt** von Arrecife nach Costa Teguise kostet etwa 15 €, für die Fahrt vom Flughafen nach Costa Teguise sind es etwa 27 €.

 Parken

Großer kostenfreier Parkplatz an der **Avenida de las Islas Canarias**, nördlich von Pueblo Marinero und Touristeninformation. Zahlreiche weitere kostenfreie Parkplätze, z.B. an der Playa de los Charcos und der Playa del Jablillo.

 Restaurants

€€ | **Villa Toledo** Das Lokal befindet sich oberhalb der Playa Bastián und bietet einen fantastischen Ausblick auf das Meer und die Küste. Gehobene kanarische und internationale Küche. Zum Restaurant gehört auch eine Barterrasse: ein schöner Ort für den Aperitif am Ende eines Strand- oder Ausflugstages.■ Avenida de los Cocederos (Playa Bastián), Tel. 928 59 06 26, tgl. von vormittags bis spätabends

€€ | **La Bohemia** Eine der ersten Adressen für Fleischfreunde: das argentinische Steakrestaurant im Ortszentrum. Sehr beliebt – Reservierung empfohlen. ■ Avenida Islas Canarias 11, Local 6, Tel. 928 59 17 72, Mo, Di, Do–So mittags bis abends geöffnet

€€ | **Peskera** Großes Restaurant am Strand mit wahlweise offener oder verglaster Terrasse. Die sehr umfangreiche Karte wirkt auf den ersten Blick nicht unbedingt attraktiv, aber die Speisen sind von hoher Qualität. Empfehlung: Rinderfilet! Sehr freundlicher Service. ■ Plaza Windsurf (Playa de las Cucharas), Tel. 928 59 20 44, www.cesar restaurantes.com, tgl. durchgehend von vormittags bis spätabends

 Einkaufen

Mercadillo Agrícola (Bauernmarkt) Für Selbstversorger, die regionale Le-

Restaurant und Bar mit Aussicht: Die Villa Toledo ist perfekt für den Sonnenuntergang

bensmittel kaufen wollen: frisches Obst und Gemüse von der Insel, Bäckerbrot und leckere Kuchen sowie weitere Speisen und Getränke aus kleinen lanzarotischen Manufakturen. Manches davon ist auch als Souvenir geeignet. ■ Pueblo Marinero, Avenida Islas Canarias, Di 9–14 Uhr

Mercadillo (Trödelmarkt) Kleidung, Lederwaren, Sonnenbrillen usw. – überwiegend billige Massenware aus Asien, aber die lebhafte Atmosphäre im Pueblo Marinero kann man während der Marktzeiten besonders schön erleben. ■ Pueblo Marinero, Avenida Islas Canarias, Fr 17–22 Uhr

Paseo Artesanal (Kunsthandwerksmarkt) Einer der Märkte auf Lanzarote, bei denen es garantiert auf der Insel hergestelltes Kunsthandwerk zu kaufen gibt: Keramik, Lederwaren, Geschnitztes, Gestricktes und Gesticktes, Parfüms und mehr. An manchen der Stände stehen die Produzenten selbst und verkaufen ihre eigenen Waren. ■ Pueblo Marinero, Avenida Islas Canarias, Mi 18–22 Uhr

Gefällt Ihnen das?

Dann sollten Sie auch den **Kunsthandwerksmarkt** samstags in **Haría** besuchen (S. 81). Er ist noch größer als der in Costa Teguise und hat – unter den alten Lorbeerbäumen auf der Plaza de Haría – eine besonders schöne Atmosphäre. Viele Kunsthandwerker haben auch in Haría ihre Ateliers.

 Kneipen, Bars und Clubs

Beach Bar – Meliä Salinas Die sehr lässige Bar gehört zum Fünf-Sterne-Hotel Meliä Salinas, ist aber von der

Rasanter Spaß für kleine und große Kinder im Aquapark von Costa Teguise

Strandpromenade aus zugänglich. Hier entspannt man sich bei einem guten Drink und angenehmer Musik. ■ Avenida Islas Canarias, Zugang auch von der Promenade an der Playa de las Cucharas, Tel. 928 59 00 40, www.melia.com, Öffnungszeiten variabel (je nach Saison), meist ab mittags bis zum Abend geöffnet

 Kinder

Aquapark Jede Menge Rutschen, Tunnel und andere abenteuerliche Wasserattraktionen machen den Parkbesuch zu einem Vergnügen für kleine und große Kinder. Hinzu kommen weitere Angebote wie Paintball, Klettern und Gokarts (nicht im pauschalen Eintrittspreis enthalten). ■ Avenida del Golf, Tel. 928 59 21 28, www.aquaparklan

Die Natur und die Infrastruktur sind auf Lanzarote wunderbar für Windsurfer

zarote.es, tgl. 10–18 Uhr, ca. Mitte Nov.–Mitte März geschl., 22,50 €, Kinder (4–12 Jahre) 16 €, Shuttlebus ab/bis Puerto del Carmen und Playa Blanca 3 €

Lanzarote Aquarium Das große unterirdische Aquarium ist sehr dunkel und hat sicher schon bessere Tage gesehen. So sind die Becken teilweise zu klein für die Tiere, manche könnten eine Renovierung gebrauchen. Doch wenn das Wetter mal nicht so toll ist, lohnt sich ein Ausflug hierher, um die Unterwasserfauna der Kanaren kennenzulernen. Seesterne, Seepferdchen oder Rochen sind beim Schwimmen oder Schnorcheln eben nicht so leicht zu entdecken. ■ Avenida Las Acacias, Tel. 928 59 00 69, www.aquariumlanzarote.com, tgl. 10–18 Uhr, 14 €, Kinder 9 €

 Sport

Aquatis Dive Center Tauchbasis und -schule mit sehr nettem Team, deutsche Leitung. Ausbildung nach PADI. Täglich Halbtagsausflüge mit zwei Tauchgängen, betaucht werden Plätze vom Norden bis nach Playa Blanca. ■ Playa de las Cucharas, Local 6, Tel. 928 59 04 07, mobil 608 71 01 94, www.diving-lanzarote.net

Costa Teguise Golf Erster Golfplatz der Insel (angelegt 1978), 18 Löcher, schöne Anlage mit Ausblicken aufs Meer. Es gibt viel Grün, zahlreiche Palmen – und Lavafelder, die überspielt werden müssen. Legere Atmosphäre, hier tummeln sich viele skandinavische Golfer. ■ Avenida del Golf, Tel. 928 59 05 12, www.lanzarote-golf.com

Tommy's Bikes Fahrradverleih unter deutscher Leitung: City- und Trekkingräder, Mountainbikes, Rennräder. Auf dem Programm stehen auch organisierte bzw. begleitete Gruppentouren. ■ Avenida Islas Canarias 11, Centro Comercial Las Maretas 20 B, Tel. 628 10 21 77, www.tommys-bikes.com, saisonal wechselnde Öffnungszeiten, meist tgl. 10–13, 17.30–18.30 Uhr

Volcano Surf Die Spezialisten für Wellenreiten in Costa Teguise. Schule und Verleih, Kurse für Anfänger und erfahrene Surfer – auf Englisch, Spanisch, Französisch. ■ Calle Marajo, Centro Comercial Maretas, Local 5, Tel. 928 59 22 26, mobil 616 02 27 39, www.volcanosurflanzarote.com

Windsurf Paradise Windsurfschule und Equipmentverleih unter deutscher Leitung. Das große, renommierte Zentrum an der Playa de las Cucharas gibt es bereits seit über 30 Jahren. ■ Calle la Corvina 8, Tel. 657 64 11 07, www.windsurflanzarote.com

4 Lagomar

 Gastronomie und Architektur verschmelzen mit der Landschaft

i Information

■ Calle Los Loros 2, Nazaret, Tel. Gastronomie 928 84 56 65, Tel. Museum 672 46 15 55, www.lag-o-mar.com, Restaurant tgl. mittags und abends, Bar tgl. ab 18.30 Uhr, Museum tgl. 10–18 Uhr, 6 €, Kinder 2 €

Am Rand des Dorfs Nazaret steht dieses einzigartige Bauwerk: ein architektonisches Kunststück, eine Mischung aus Wohnhaus, Parkanlage, Restaurant, Museum, Bar etc., harmonisch eingefügt in natürliche Felsen und Höhlen. Sam Benady, ein britischer Immobilienentwickler, beauftragte in den 1970er-Jahren den Architekten Jesús Soto (geb. 1928 auf Fuerteventura, gest. 2003 auf Lanzarote) mit der Konzeption – Soto arbeitete eng mit César Manrique zusammen, bei vielen Pro-

jekten war Soto der stille Planer und Ausführende hinter dem lauten, extrovertierten Künstler Manrique. Unter anderem gestaltete Soto maßgeblich auch die Cueva de los Verdes (S. 68).

Der ägyptische, seinerzeit berühmte Schauspieler Omar Sharif kaufte das labyrinthische Raum- und Gartenensemble, verlor es aber nach kurzer Zeit schon wieder an Sam Benady, nachdem er es bei einer Partie Bridge eingesetzt hatte. Seit 1989 gehört Lagomar einem deutsch-uruguayischen Architektenehepaar. Die beiden schufen hier ein Kunst- und Architekturmuseum, das man tagsüber besichtigen kann – einschließlich des Wohnhauses. Zudem gibt es ein kleines, gutes Restaurant sowie eine spektakuläre Bar mit Sitzplätzen in mehreren Höhlen und auf Felsterrassen. Die vielleicht beste Zeit, Lagomar zu besuchen, ist der Abend: Man nimmt einen Drink und genießt die Atmosphäre bei kunstvoller Beleuchtung (und spart den Eintrittspreis). Allerdings kann man dann das Wohnhaus nicht betreten.

Im Blickpunkt

Mehlbrei und Kartoffeln mit Soße

Die wichtigsten Speisen der Insel sind denkbar schlicht – und doch so köstlich, so gesund. Gofio ist Mehl aus geröstetem Getreide und war schon bei den Altkanariern ein Hauptnahrungsmittel. Traditioneller Gofio wird aus Weizen hergestellt, beliebt sind auch die Varianten aus Mais oder Gerste. Zum Frühstück schmeckt Gofio mit Milch und Honig, mittags oder abends verrührt man ihn mit Brühe, das heißt dann »escaldón«. Dazu schmecken Fisch oder Fleisch und Zwiebeln. Gerade in letzter Zeit ist Gofio wieder besonders populär, so werden auch Gofio-Cremes als Dessert oder Gofio-Eis angeboten.

»Papas arrugadas« heißt übersetzt »runzelige Kartoffeln«, sie werden mit Schale in sehr salzigem Wasser gekocht (früher nahm man Meerwasser). Obligatorisch dazu sind »mojos«, kalte Soßen aus Kräutern oder Paprika, Knoblauch und Öl. Roter »mojo« passt am besten zu Fisch, grüner zu Fleisch.

5 Teguise

Historische Stadt mit viel Flair, Markt mit einigem Trubel

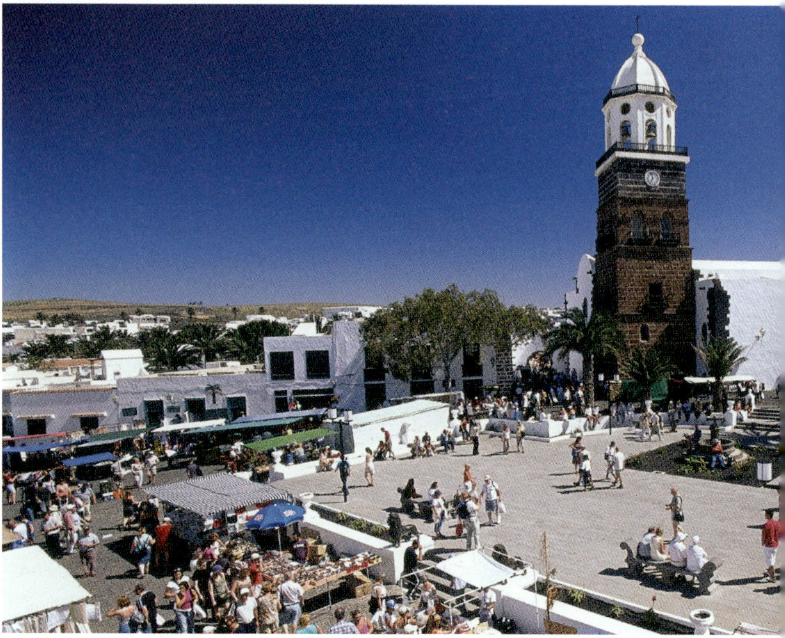

Sonntags ist Markt in Teguise – meist kommen sehr viel mehr Gäste als auf dem Bild

i Information

- Oficina de Turismo, Plaza de la Constitución, Tel. 928 84 53 98, http://turismo teguise.com, tgl. 9–14 Uhr
- Parken siehe S. 50

3 *Einstige Inselhauptstadt mit herrlichem historischem Zentrum*

Den wohl meisten Touristen ist Teguise nur bekannt als »die Stadt mit dem Markt«, denn jeden Sonntag findet hier der größte Kleider-, Ramsch- und Kunsthandwerksmarkt der Insel statt. Viele hundert Stände füllen dann den gesamten Ort, und Tausende Touristen strömen durch die Gassen, sodass man vor lauter Kram und Kunden die Häuser kaum noch sieht. Was ein Jammer ist, denn die alten Bauten in der einstigen Inselhauptstadt sind wunderbar gepflegt – Teguise hat den mit Abstand schönsten und besterhaltenen historischen Kern auf Lanzarote. Auch auf der Nachbarinsel Fuerteventura gibt es nichts Vergleichbares, sodass von dort ebenfalls nicht wenige Gäste anreisen, um den Markt und/ oder die Stadt kennenzulernen. Genauer gesagt: das Städtchen. Denn es hat nur 1700 Einwohner.

Im Jahr 1418 gründete Maciot de Béthencourt hier die erste spanische

Plan
S. 47

Im flachen Land fernab der Küste lebte man am sichersten, zudem diente der benachbarte Vulkankegel Guanapay als eine Art natürlicher Wachturm. Dennoch fiel Teguise immer wieder Piratenattacken zum Opfer, die Angreifer plünderten die Stadt, mehr als einmal wurde Teguise weitestgehend zerstört. Die Bewohner, denen die Flucht gelang, versteckten sich in der Cueva de los Verdes. Nur ein einziges Mal, im Jahr 1569, waren die Einwohner in der Lage, einer Attacke zu widerstehen, sie töteten dabei 170 Piraten, der Straßenname Callejón de la Sangre (Blutgasse) zeugt noch heute von jener Begebenheit.

Teguise blieb Inselhauptstadt, bis der Status 1852 an die Stadt Arrecife überging. Zu jener Zeit hatte die Bedrohung durch Piraten nachgelassen und der Hafen von Arrecife an Bedeutung gewonnen. Heute ist Teguise Hauptstadt des gleichnamigen Municipios, also einer der sieben Verwaltungseinheiten auf Lanzarote. Der Begriff Municipio lässt sich am ehesten mit dem Wort »Gemeinde« übersetzen.

In den 1980er-Jahren wurde die Altstadt von Teguise gründlich saniert, seither erfährt der Ort weiterhin eine liebevolle Pflege, ohne dabei zu einer Art Museumssiedlung zu verkommen. Viele nette Geschäfte, Restaurants und Caféterrassen sorgen für eine lebendige Atmosphäre. Für einen individuellen Besuch inklusive Spaziergang, Ladenbummel und Imbisspause sollte man etwa einen halben Tag rechnen, wer Museen besichtigen möchte, kann einen ganzen Tag einplanen.

Siedlung auf Lanzarote, die von Anfang an den Status einer Hauptstadt hatte. Schon vorher hatte es an selbiger Stelle ein Dorf der Ureinwohner gegeben, es hieß Acatife, was so viel bedeutete wie »Großes Dorf«. Gründer Maciot war ein Neffe des Eroberers Jean de Béthencourt und Statthalter auf Lanzarote. Zu Ehren seiner Ehefrau benannte er den Ort in Real Villa de Teguise um. Prinzessin Teguise war eine Tochter des Herrschers Guadarfía, des letzten Guanchenkönigs der Insel. Die Lage des Ortes galt in jener Zeit als sehr günstig, denn die größte Bedrohung für Siedlungen, ihre Menschen und ihre Wirtschaft war die Piraterie.

Auch wer besonders großes Interesse an Shopping hat, muss nicht unbedingt sonntags kommen. Denn einen Großteil der Waren, die an den Marktständen zu haben sind, erhält man auch an jedem anderen Tag in Shops. Die vielen auffälligen Holzkreuze an Häuserwänden, die jedem Besucher ins Auge stechen, markierten früher die 14 Stationen des Kreuzweges, zu denen eine Prozession in der Karwoche führte. Diese Tradition wird heute nicht fortgesetzt, doch jetzt begeht man in Teguise den Día de la Cruz (Tag des Kreuzes), den 3. Mai, alljährlich mit einem Fest, zu dem die Kreuze mit Blumen geschmückt werden. Eine außergewöhnliche Atmosphäre herrscht in Teguise auch an allen Sonntagnachmittagen: Nach dem Markt treten in Cafés und Kneipen Musiker auf, Markthändler und Einheimische feiern dann zusammen das Leben.

 Sehenswert

① Plaza de la Constitución
| Platz |
Der freundliche, helle Platz ist der perfekte Startpunkt für eine Stadterkundung. Ihn säumen wichtige Gebäude wie die Kirche Nuestra Señora de Guadalupe, La Cilla und der Palacio Spínola mit der Casa-Museo del Timple. Prächtige Palmen sorgen zusätzlich für ein schönes Bild. Es gibt Café- und Restaurantterrassen mit Ausblick auf den Platz, er selbst aber bleibt frei von Trubel und Plastikstühlen.

② Gran Mercado
| Kitsch- und Kunstmarkt |
Mehrere hundert Verkaufsstände verwandeln die Altstadt Teguises immer sonntags in einen einzigen, großen

Markt. In Mietwagen und speziellen Bussen reisen shoppingfreudige Touristen an, es herrscht ein riesiger Trubel. Leider ist die Zahl der Stände, die billige Sonnenbrillen, T-Shirts und ramschige »Souvenirs« aus Billiglohnländern verkaufen, recht hoch. Doch es gibt auch Perlen – Kunsthandwerker etwa, die eigens hergestellten Schmuck oder Keramik anbieten.
Auf dem Platz La Mareta versammeln sich Imbissstände mit Tischen und Bänken, hier bekommt man neben belegten Brötchen oder einer Tortilla (spanisches Kartoffelomelett) auch Leberkäse und Currywurst.
 So 9–14 Uhr

③ Iglesia Nuestra Señora de Guadalupe
| Kirche |
Der schlichte Kirchenbau geht auf das 15. Jh. zurück, wurde jedoch bei Piratenangriffen immer wieder stark beschädigt und fiel auch später noch Bränden zum Opfer. Zuletzt wüteten die Flammen im Jahr 1909 in dem Gebäude. Der überwiegend weiße Innenraum mit seinem für die Kanarischen Inseln

ungewöhnlichen Zuckerbäcker-Stuck-werk wirkt etwas befremdlich. Ein schönes Ambiente schafft hingegen der hohe, neben der Kirche stehende Glockenturm aus dunkelrotem Stein, er wurde erst im 20. Jh. errichtet.

■ Plaza de la Constitución, Mo–Sa 9–13.30 Uhr

❹ La Cilla
| Historisches Gebäude |

Das Wort »cilla« bezeichnet eigentlich einen Getreidespeicher – diese Cilla aber war das Zehnthaus der Stadt: Hier mussten die Bauern ein Zehntel ihrer Ernte an die Kirche abgeben. In dem markanten kleinen Gebäude mit Doppeldach befindet sich heute eine Filiale des Bankhauses Bankia, auch Nichtkunden sind willkommen und dürfen drinnen historische Luft schnuppern.

■ Plaza de la Constitución, Bank geöffnet Mo–Fr 8.15–14.15 Uhr

Casa-Museo del Timple
| Museum |

Anschaulich informiert die Ausstellung über die Geschichte und die Bedeutung der Timple, des wichtigsten traditionellen Musikinstrumentes der Kanaren (siehe »Im Blickpunkt«, S. 49). Natürlich sind viele Instrumente zu sehen, neben den kleinen, fünfsaitigen Timples, die der Ukulele ähnlich sind, auch viele andere traditionelle Saiteninstrumente der Kanaren und aus der ganzen Welt. In einer Schauwerkstatt erfahren Besucher, wie die Instrumente hergestellt werden. Gelegentlich finden in dem Museum auch Konzerte statt (Klassik, Folklore, Jazz, Pop).

Untergebracht ist die Casa-Museo del Timple im prächtigsten historischen Wohngebäude der Stadt, dem Palacio Spínola. Erbaut zwischen 1730 und 1750, war er jahrhundertelang Wohnsitz einflussreicher Familien. Das Haus weist

Das Castillo de Santa Bárbara sollte einst dem Schutz vor Piraten dienen

die typische lanzarotische Architektur auf, es hat nur ein Stockwerk und zeigt nach außen hin kaum Dekoration. Bemerkenswert sind allerdings die großen Holzfenster. Sie hatten die Funktion von Statussymbolen, da Holz ein rarer und sehr teurer Baustoff war. Innen herrscht augenfälligere Pracht, zu sehen sind wertvolle Holzböden, ein großer, grüner Innenhof, eine Kapelle und herrschaftliche Säle, von denen einer bis heute als Sitzungssaal der Stadtverwaltung genutzt wird.

■ Palacio Spínola, Plaza de la Constitución, http://casadeltimple.org, Mo–Sa 9–16, So 9–15 Uhr, 3 €, Kinder frei

6 La Mareta

| Historischer Wasserspeicher |

An diesem Ort befand sich bis weit ins 20. Jh. hinein der wichtigste Wasserspeicher der Insel. Da Lanzarote keine natürlichen Quellen hat und es sehr wenig regnet, musste das Regenwasser gesammelt und gespeichert werden. Einfache Leute, die über keine eigenen Zisternen verfügten, reisten von weit her an, um sich mit Wasser zu versorgen, das sie zu Hause in den typischen Gefäßen filterten, die heute noch in vielen Innenhöfen zu sehen sind: Über einer Tonschale hängt ein Behältnis aus porösem Lavastein, durch den das Wasser langsam tröpfelt. Oft wachsen Farne an den Filtersteinen – dies gilt als Kennzeichen hoher Filterqualität. Als im Jahr 1965 die Wasserentsalzungsanlage der Insel eröffnete, verlor La Mareta ihre Bedeutung – und bis auf den großen Platz ist heute kein Überrest mehr davon erhalten.

■ La Mareta (beim Gran Mercado)

7 Museo Diocesano de Arte Sacro

| Museum |

Die Kirche eines einstigen Klosters, errichtet im 16. Jh. und nach zahlreichen Piratenüberfällen und Bränden mehrfach wiederaufgebaut, beherbergt heute das Museum für religiöse Kunst. Die Ausstellung ist unterteilt in Themenbereiche wie »Die Boten Gottes«, »Brot des Lebens« oder »Himmelstor«, und selbst wenn die meisten Werke keinen allzu hohen künstlerischen Wert haben, so beeindrucken sie doch – auch aufgrund ihrer liebevollen Präsentation und der schönen Umgebung in dem zweischiffigen Gebäude mit Rundbögen aus Lavagestein. Es kommen nur wenige Besucher, wobei man dem Museum einerseits mehr Aufmerksamkeit wünschen würde, andererseits kann man froh sein über die tiefe Stille, die hier herrscht.

■ Convento San Francisco, Calle San Francisco, Tel. 928 31 49 89, Di–Sa 9.30–16.30, So 10–14 Uhr, 2 €, Kinder frei

8 Convento de Santo Domingo
| Kunstgalerie |

In der einstigen Klosterkirche zeigt die Stadt Teguise heute zeitgenössische Kunst – der ungewöhnliche Raum und die hochwertigen Ausstellungen sorgen dafür, dass die Kirche als eines der wichtigsten Kunstzentren der Insel gilt. Bis auf das Retabel des Hauptaltars ist der Raum komplett entkernt, trotzdem herrscht hier eine besondere Atmosphäre. Gelegentlich finden auch Konzerte statt. Nebenan, in den ehemaligen Räumlichkeiten des Klosters, befindet sich das heutige Rathaus von Teguise.

■ Plaza Santo Domingo, nur bei Ausstellungen geöffnet, wechselnde Öffnungszeiten, oft Mo und Mi–Sa 10–14 Uhr, Eintritt frei

9 Castillo de Santa Bárbara
| Burg |

In Zeiten der Piraterie diente der 452 m hohe Vulkankegel Guanapay als natürlicher Wachtturm, bereits Mitte des 15. Jh. entstand dort eine Festung, die in der Folgezeit aus- und umgebaut wurde. Ihre Schutzfunktion war sehr gering, denn die Wasservorräte in der Zisterne waren beschränkt – Angreifer mussten also nur abwarten, bis sich die verdurstenden Schutzsuchenden ergaben. Vom Parkplatz am Castillo genießt man einen weiten Ausblick über Teguise und die umgebende Landschaft. Ein angenehmer Spazierweg führt von hier aus auf dem Kraterrand einmal im Kreis. Die Burg beherbergt heute ein Piraterimuseum, dessen Ausstellung v. a. aus Texttafeln in spanischer und englischer Sprache besteht – empfehlenswert nur für besonders interessierte Besucher.

Im Blickpunkt

El Timple – kleine Gitarre mit großer Bedeutung

Etwa so klein wie eine Ukulele ist die Timple, das wichtigste Musikinstrument der kanarischen Volksmusik, allerdings hat sie meist fünf Saiten und somit eine mehr als die Ukulele. Wie bei einer Gitarre werden die Saiten mit der linken Hand gegriffen und mit der rechten gezupft. In erster Linie dient die Timple – zusammen mit anderen Saiteninstrumenten wie etwa der Laute – zur Begleitung der Gesänge in kanarischen Folklore-Musikensembles, den »parrandas«. Über die Herkunft und Geschichte der Timple weiß man wenig, belegt ist ihr Gebrauch auf den Kanaren ab dem späten 18. Jh., besonders stark verbreitet ist das Instrument aber erst seit der zweiten Hälfte des 19. Jh. Wer den Klang erleben möchte, hat gute Chancen auf den wöchentlichen Bauernmärkten, auf denen fast immer Folkloregruppen auftreten.

Lanzarotes herausragender Timple-Künstler ist Toñin Corujo, Betreiber einer Musikschule in Arrecife und Chef einer vierköpfigen Band. Das Toñin Corujo Quartett interpretiert traditionelle Musik, Jazz und Pop auf kunstvolle, unterhaltsame und sehr tanzbare Weise. Es tritt jeden Samstag ab 22.30 Uhr in Jameos del Agua sowie einmal monatlich in der Poolbar des Arrecife Gran Hotel auf.

■ Museo de la Piratería: Tel. 928 84 50 01, http://museodelapirateria.com, Juli– Sept. tgl. 10–16, sonst Mo–Sa 9–16, So 10–16 Uhr, 3 €, Kinder frei

 Parken

Teguises Altstadt ist komplett autofrei. Kostenloser Parkplatz: **Calle Garajonay**. Sonntags (9–14 Uhr) gibt es wegen des Marktes viele zusätzliche Parkflächen auf Schotterplätzen außerhalb an den Zufahrtsstraßen, pauschaler Preis 1,80 €.

 Restaurants

€ | El Patio Crêperie Winziges Lokal mit ruhiger, netter Terrasse. Spezialität sind Crêpes und Gallettes (bretonische Buchweizenpfannkuchen) mit deftigem Belag (Gemüse, Eier, Schinken, Käse) sowie Salate. Freitags ab 21.30 Uhr wird Livemusik geboten. ■ Calle Duende, Tel. 928 84 58 59, Di–Do und Sa, So mittags bis 19 Uhr, Fr mittags bis spätabends, Plan S. 47, b2

€€ | Acatife Typisch kanarische Küche, einfach und gut, z.B. frischer Fisch mit »papas arrugadas« und Salat oder geschmortes Kaninchen mit Knoblauch, Wein und Paprika. Man speist auf der großen Terrasse oder in rustikalen Innenräumen im historischen Gebäude. ■ Plaza de la Constitución, Tel. 928 84 50 37, Di–Sa mittags bis abends, So morgens bis nachmittags, Plan S. 47, b2

 Cafés

Encantes Idyllisches Innenhofcafé, hier bleibt es sogar sonntags am Vormittag ruhig. Leckere Sandwiches, Kuchen, Smoothies, guter Kaffee. Auch Salate und andere kleine Speisen, z.T. auch

Im Blickpunkt

Weiß oder bunt? – die traditionelle Inselarchitektur

Strahlend weiß gestrichen, maximal zwei Etagen hoch, kaum dekoriert, mit grüner Tür und grünen Fensterrahmen: So sehen sie aus, die Wohnhäuser auf Lanzarote – und das beinahe ausnahmslos. Schlicht gestaltet und zur Straße weitgehend geschlossen waren die Häuser hier schon immer. Wer genug Platz hat, gönnt sich einen großen, windgeschützten Innenhof, der von außerhalb nicht zu erahnen ist. Anders als heute hat man früher jedoch die Gebäude in verschiedenen Farben gestrichen, die lanzarotischen Dörfer sahen einst viel bunter aus. Der Künstler César Manrique war es, der auf die Idee kam, die gesamte Bebauung der Insel in Weiß zu halten. Bis in die Gegenwart gilt für Privatleute und Geschäftsbesitzer die Vorschrift, ihre Häuser weiß zu streichen. Wer eine Ausnahme machen möchte, muss einen Antrag stellen – den die Behörden nicht selten ablehnen. Auch die grüne Farbe für Holzelemente geht auf Manriques Einfluss zurück, erst seit einigen Jahren setzt sich in Küstenorten immer mehr ein ganz bestimmtes Blau durch. Eine Möglichkeit, Kreativität zu beweisen oder auch ein wenig zu protzen, boten in früherer Zeit die Schornsteine der Küchenherde mit verspielten Deko-Elementen. Was heute aussieht wie Schornsteine, sind die Ausgänge der Luftschächte für Dunstabzugshauben.

Stimmungsvolle Rast in der schön sanierten autofreien Altstadt von Teguise

vegan. Freundlicher Service. ■ Calle Restinga 5, Tel. 672 23 47 70, Mi, Do 10–20, Fr–So 11–24 Uhr, Plan S. 47, a1

Y Kneipen, Bars und Clubs

La Palmera Beliebter Treffpunkt von Touristen, Einheimischen und sonntagnachmittags von Markthändlern. Preiswerte Cocktails, guter Kaffee, Sandwiches, Käseplatten und andere Kleinigkeiten. Benannt ist das Lokal nach der Palme, die darin wächst. Am Sonntag Livemusik. ■ Calle Garajonay 4, Tel. 647 38 61 47, Mo, Di vormittags bis zum frühen Abend, Mi–Fr und So vormittags bis nachts, Sa vormittags bis früher Abend, Plan S. 47, b1

Einkaufen

Casa Kaos Der Laden ist auf typisches Kunsthandwerk spezialisiert, etwa aus Glas oder Ton, zudem ist viel Schmuck aus Lava, Olivin und Silber im Angebot. Der Shop befindet sich in mehreren Räumen eines einfachen alten Wohngebäudes und vermittelt somit auch einen guten Einblick in die historische Wohnkultur. In einem der Zimmer sind ausschließlich auf Lanzarote hergestellte Produkte versammelt. ■ Calle León y Castillo 2, Di–Fr 9–18, Sa–Mo 10–14 Uhr, Plan S. 47, b2

⑥ **La Chata – Sabores de Lanzarote** Kanarische Feinkost: Im Sortiment sind ausschließlich Produkte von Lanzarote und den Nachbarinseln, darunter jede Menge perfekte Souvenirs für zu Hause. Wein, Käse, Mojo-Soßen, Marmelade aus Kaktusfeigen und anderen einheimischen Früchten, Honig, Craft Beer, Rum. Und Salz von den Salinas de Janubio. ■ Plaza de la Constitución, Mo–Fr 9.30–19, So 9.30–14 Uhr, Plan S. 47, b1

Die Playa de Famara am Fuße der spektakulären Felshänge des Risco de Famara

6 Famara

Surferparadies mit traumhaftem Strand abseits der Touristenzentren

 Information

■ Zuständig sind die Touristenbüros in Teguise (S. 44) und Costa Teguise (S. 36)

Gesäumt von einer weitläufigen weißen Dünenlandschaft unterhalb einer atemberaubenden Steilküste breitet sich einer der schönsten Strände der Insel aus. Das dazugehörige Dorf Caleta de Famara ist als Urlaubsort v.a. bei Surfern beliebt. Bis auf die Landstraße, die durch das Dorf führt, hat Caleta de Famara keine asphaltierten Straßen, sondern nur Sandpisten. Bis heute widmen sich nicht wenige Einwohner der Fischerei, und die Häuser sind keineswegs auf touristischen Hochglanz

poliert, sondern zweckmäßig und teils durchaus renovierungsbedürftig – alles zusammen gibt dem Ort eine authentische, sympathische Atmosphäre. Etwas weiter östlich, angrenzend an den Strand, erstreckt sich die Bungalowsiedlung Urbanización Famara, in der man Ferienhäuser anmieten kann (siehe Übernachten, S. 62).

 Sehenswert

Playa de Famara
| Strand |

 Lanzarotes längster Strand mit spektakulärer Kulisse

Mehrere Kilometer lang und (besonders bei Ebbe) richtig schön breit ist dieser Strand, dahinter liegen sanft geschwungene Dünen. Nordöstlich davon schließt sich die Steilküste Risco de Famara an, und in der Ferne sind La Graciosa und andere Inselchen des Archipiélago Chinijo zu sehen: eine malerische Landschaft! Wegen des meist starken Windes und der Strömungen darf man hier allerdings fast nie baden, es wäre zu gefährlich. Auch das Sonnenbaden ist wegen des herumfliegenden Sandes nicht immer ein Genuss. Kleine Wälle aus Steinen sorgen für Schutz, ähnlich wie an Nord- oder Ostsee die »Sandburgen«. Besonders beliebt ist die hiesige Küste bei Surfern, denn Wind und Wellen begünstigen naturgemäß ihren Sport. Je nach Wetterlage wird gekitet und windgesurft – oder die Wellen werden geritten. Traumhaft sind auch Strandspaziergänge bei Sonnenuntergang – anschließend ein Bier oder ein Abendessen im Dorf: perfekter Urlaubstagesabschluss!

Restaurants

€ | Costa Famara Direkt am Meer mit offener und verglaster Terrasse – toller Ausblick. Gute, bodenständige Küche, hauptsächlich Fischgerichte. Preiswert und nett. ■ Calle Montaña Clara 30, Caleta de Famara, Tel. 928 83 08 55, Di–So mittags bis abends

€€–€€€ | El Risco Gehobene kanarische Küche, frisch und kreativ, in angenehmem Ambiente mit einem Gemälde von César Manrique. Schöner Ausblick auf Strand, Meer und die Steilküste. Gut besucht – reservieren! ■ Calle Montaña Clara 30, Caleta de Famara, Tel. 928 52 85 50, www.restauranteelrisco.com, Mo–Sa mittags bis abends, So nur mittags

Kneipen, Bars und Clubs

El Chiringuito Schlichte Snackbar mit Terrasse, DER Treffpunkt von Surfern auf einen Imbiss am Mittag oder ein Bier nach dem Sport. ■ Avenida El Ma-

rinero 14, Caleta de Famara, Di–So vormittags bis zum frühen Abend

Sport

Red Star Surf Surfschule, -shop und Boardverleih, nur eine von mehreren empfehlenswerten Surfadressen vor Ort. Ausbildung rund ums Jahr, plus: Yoga speziell für Surfer. ■ Avenida El Marinero 9, Caleta de Famara, Tel. 928 52 88 08, www.redstarsurf.com

Wavesisters Surfschule für Frauen und Mädchen unter deutscher Leitung. Fünftägige Surfkurse jeweils von Montag bis Freitag, und auch hier wird neben dem Surfen Yoga praktiziert. ■ www.wavesisters.com

Im Blickpunkt

Wellenreiten und Windsurfen auf Lanzarote

Als Top-Surfrevier ist zwar v. a. die Nachbarinsel Fuerteventura berühmt, doch auch Lanzarote hat hervorragende Surfgebiete – und eine eingeschworene Fangemeinde, bestehend aus internationalen Surfern. Rund ums Jahr gibt es Wind und Wellen für Windsurfer und Wellenreiter. Größter und bekanntester Surfspot ist die Playa de Famara (v. a. Wellenreiten), legendär ist die Welle am Dorf La Santa (S. 54), genannt »pipe canario«. Windsurfer treffen sich bevorzugt in Costa Teguise (S. 36). Zahlreiche weitere Surfspots gibt es vom Norden bis Süden Lanzarotes, detaillierte Infos bietet die Broschüre »Lanzarote Surf & SUP«, Download unter www.lanzaroteesd.com.

7 La Santa

Der kleine Ort hat sich zum internationalen Sportlertreff gemausert

Das Fischerdorf hat sich sein ursprüngliches Flair bewahrt, nur wenige Touristen legen hier einen Halt ein und spazieren die schöne Promenade am Meeresufer entlang. Sie führt vorbei an einem Naturschwimmbad und dem kleinen Fischerhafen, an dem bunte Boote vertäut sind.

Weitaus bekannter als das Dorf ist das gleichnamige riesige Sporthotel Club La Santa (S. 63), das sich westlich des Ortes auf einer Halbinsel erstreckt. Daneben befindet sich das Inselchen Isleta, vor dem einer der besten und anspruchsvollsten Surfspots Lanzarotes liegt. Hier gibt es starke Wellen und Dünungen. Es macht Spaß, den Sportlern vom Ufer der Isleta aus beim Wellenreiten zuzuschauen – man erreicht sie über eine Autobrücke von der Landstraße LZ-20 aus.

ADAC *Wussten Sie schon?*

Lanzarote ist eine bei **Profi-, Outdoor- und Extremsportlern** ganz besonders beliebte Insel. Viele Athleten kommen her, um etwa Laufen, Trailrunning oder Radfahren zu trainieren. Außerdem gibt es eine Vielzahl internationaler Sportwettbewerbe, von Februar bis November findet fast jede Woche einer statt: mehrere Triathlons, zwei Ironman-Wettkämpfe, Mountainbike- und Fahrradrennen, Schwimm-, Lauf- und Trailveranstaltungen, Segelregatten und Golfturniere. Mehr Informationen: *www.lanzaroteesd.com*

 Restaurants

€€ | Amêndoa Auf den Tisch kommt eine anspruchsvolle internationale Küche in gemütlicher Atmosphäre. Sehr guter Service. Eines der beliebtesten Restaurants auf Lanzarote – insbesondere, wenn es etwas zu feiern gibt. ■ Avenida El Marinero 20, Tel. 928 83 82 52, tgl. abends geöffnet

8 Tinajo

Typischer kanarischer Alltag – gepflegt, gemächlich und authentisch

Friseur, Bars, Eisenwarenladen und andere kleine Geschäfte: In dem langgestreckten Ort ist noch alles »echt spanisch«, unspektakulär und dabei doch sehr liebenswert. Als Ausflugsziel eignet Tinajo sich nicht, aber wer hier vorbeikommt, sollte ruhig aussteigen und einen kleinen Spaziergang unternehmen, um die authentische Atmosphäre zu schnuppern. Mit Glück ist die Dorfkirche San Roque (18. Jh.) geöffnet, sie hat eine fein geschnitzte Mudéjardecke, über dem Altar befindet sich eine Christusstatue des bedeutenden Bildhauers Luján Pérez (Gran Canaria, 1756–1815). An dem weiten und schönen Kirchenvorplatz gedeihen prächtige Drachen- und Lorbeerbäume sowie Kanarische Dattelpalmen (Phoenix canariensis).

 In der Umgebung

Tenesa
| Fischersiedlung |
Auf schmalen, aber durchgehend asphaltierten Straßen gelangt man von Tinajo zu dieser kleinen, urigen Siedlung. Schon die Fahrt dorthin ist voller

Für Profis wie für ambitionierte Amateure ist Lanzarote ein beliebtes Trainingsgebiet

eindrucksvoller Bilder: Lavawüste, Vulkankegel, -felsen und -höhlen. Die Ortschaft selbst erstreckt sich zu Füßen einer eindrucksvollen Steilküste. Besiedelt wird sie fast nur an Wochenenden von Menschen, die in Tinajo wohnen und in der Freizeit zum Fischen an die Küste fahren.

9 Mancha Blanca

Der Ort, an dem im 18. Jh. ein großes »Wunder« geschehen sein soll

Einst getrennte Dörfer, gehen Tinajo und Mancha Blanca heute nahtlos ineinander über. Dass das kleinere Mancha Blanca viel berühmter ist, liegt an einem »Wunder«: Als im Jahr 1736 heiße Lavafluten das Dorf zu erreichen drohten, stellten die Bewohner eine Marienstatue auf eine Anhöhe – und

ebendort hielt der Lavastrom an. Seither ist Mancha Blanca der wichtigste Wallfahrtsort auf Lanzarote.

Sehenswert

Ermita Nuestra Señora de los Dolores
| Kirche |

Die schlichte Kapelle steht an der Stelle, an der ein bedrohlicher Lavastrom während der Vulkanausbrüche im Jahr 1736 stoppte, bevor er das Dorf erreichte. Diese Begebenheit schreiben Gläubige der Macht und Güte der Señora de los Dolores (Jungfrau von den Schmerzen) zu, deren Statue sie der Kirche in Tinajo entnommen und an dieser Stelle aufgestellt hatten. Die Statue steht heute über dem Altar der Kapelle. Als einzige sakrale Stätte auf Lanzarote ist sie jeden Tag 24 Stunden geöffnet. Viele Einheimische kommen hierher, um die Jungfrau um Beistand zu bitten oder ihr zu danken.

Einkaufen

Mercado Agrícola Der Bauernmarkt besteht nur aus wenigen Ständen, doch die angebotenen Waren stammen alle aus den Gärten und Küchen der Insel: Obst und Gemüse, Marmeladen, Wein usw. Zudem tritt meist eine Folkloregruppe auf. ■ Dorfplatz an der Ermita Nuestra Señora de los Dolores, So 9–14 Uhr

Events

8 **Fiesta de la Virgen de los Dolores** Alljährlich am 15. September begeht Lanzarote den Tag der Heiligen Jungfrau von den Schmerzen, ein bedeutendes religiöses Ereignis und eines der größten Volksfeste der Insel. Im Morgengrauen machen sich Pilger, in Tracht gekleidet, aus allen Himmelsrichtungen auf den Weg zur Ermita Nuestra Señora de los Dolores. Abends feiern sie zusammen ihre Ankunft, bringen der Marienstatue ihre Opfergaben dar, musizieren und tanzen. Rund um diesen Tag findet auf dem Dorfplatz ein etwa zehntägiges Fest statt – mit einem großen Kunsthandwerksmarkt, zahlreichen Speise- und Getränkebuden, Konzerten und Folkloreaufführungen. ■ Jährlich ca. 10 Tage rund um den 15. Sept.

10 Museo Agrícola El Patio

 Entdecken, lernen und genießen – ein Erlebnis für Groß und Klein

Information

 ■ Calle Echeyde 18, Tiagua, Tel. 928 52 91 34, www.museoelpatio.com, Mo–Fr 10–17, Sa 10–14 Uhr, 5 €, Kinder frei

Skulpturenensemble Monumento al Campesino – zu Ehren der Landwirte der Insel

ADAC *Wussten Sie schon?*

Die grammatikalisch korrekte Bezeichnung lautet »lanzaroteño«, tatsächlich aber nennen sich die Einwohner von Lanzarote – v. a. die auf der Insel geborenen »**conejeros**«. Und so werden sie auch von allen anderen Kanariern genannt. Die Bezeichnung leitet sich ab von »conejo«, das heißt Kaninchen, und bedeutet übersetzt so viel wie »Kaninchenmensch«. Ihr Ursprung liegt im 18. Jh.: Damals gab es sehr viele Kaninchen auf Lanzarote, ihr Leder galt als besonders gut. Die »conejeros« handelten damit international, insbesondere lieferten sie nach England, wo Hutmacher das Kaninchenleder sehr schätzten.

Mit 130 ha Anbaufläche war dieses Gut einst das größte weit und breit, es befindet sich in einer besonders fruchtbaren Gegend. Als die Landwirtschaft auf der Insel im Verlauf des 20. Jh. an Bedeutung verlor, erwarb Lanzarotes erster Kinderarzt die Wirtschafts- und Wohngebäude samt Umland. Sein Nachwuchs, allen voran der überaus engagierte und ideenreiche Germán Barreto, betreibt heute das große und eindrucksvolle Projekt, das mit »Landwirtschaftsmuseum« nur unzureichend umschrieben ist.

In liebevoll – und teilweise auch sehr prächtig – restaurierten Häusern, Ställen, Speichern und Werkstätten (errichtet um die Mitte des 19. Jh.) präsentiert die Familie zahlreiche Facetten der historischen Landwirtschaft und des bäuerlichen Lebens. Zu sehen sind etwa mit historischen Möbeln eingerichtete Räume, eine komplett ausgestattete Küche (die bis 1980 in Gebrauch war), alte landwirtschaftliche Geräte, ein Weinkeller, zwei Windmühlen und eine Getreidemühle, die von Kamelen angetrieben wurde.

Zwischendrin laufen Hühner herum, zudem ist alles sehr gepflegt und derart gestaltet, dass es Kindern und Erwachsenen großen Spaß macht, hier stundenlang einzutauchen. In einer Bodega kann man auf dem Hof produzierten Wein kosten. Zudem werden in der Umgebung Obst und Gemüse nach traditioneller Art angebaut – Besucher sind auch dort willkommen.

11 Casa–Museo Monumento al Campesino

Kulturzentrum, Schauwerkstätten, Gastronomie und ein kunstvolles Denkmal

i Information

■ Nördlich von San Bartolomé an der Kreuzung LZ-20/LZ-30, Tel. 901 20 03 00, www.cactlanzarote.com, Sommer tgl. 9–17.45, sonst 10–17.45, Küche bis 16 Uhr, Eintritt zu allen Bereichen frei

Ein 15 m hohes Denkmal steht im geografischen Zentrum der Insel, in der Mitte eines Kreisverkehrs: das Monumento al Campesino (Denkmal für den Bauern), auch Monumento a la Fecundidad (Fruchtsbarkeitsdenkmal) genannt – ein Werk des Künstlers César Manrique sowie des Architekten Jesús Soto von 1968. Das weiße, kubistische Skulpturenensemble wurde aus Wassertanks von Segelschiffen und anderen alten Gebrauchsmaterialien errichtet und stellt, je nach Perspektive, einen Menschen auf einem Lasttier

ADAC *Spartipp*

Die Casa Monumento al Campesino ist das einzige Bauwerk des Künstlers César Manrique, das man kostenfrei betreten kann. Doch es gibt mehrere **Manrique-Skulpturen** im öffentlichen Raum, die gratis zu bestaunen sind: seine großen, eindrucksvollen **Windspiele**. Sie stehen etwa in Arrieta, am Kreisverkehr von Tahíche, an der Fundación César Manrique und am Flughafen. Erst im Sommer 2017 wurde an einem Kreisverkehr an der Playa de los Pocillos (Puerto del Carmen) die bewegliche Skulptur »El Róbalo« (Der Wolfsbarsch) errichtet.

dar oder auch einen Menschen und drei Tiere: Ziege, Esel und Kamel.

Neben dem Monument befindet sich die Casa al Campesino, ein Kultur- und Gastronomiezentrum. Das Gebäudeensemble wurde nach volkstümlicher lanzarotischer Bauweise errichtet, es umfasst ein schlichtes Café-Restaurant sowie einen spektakulären unterirdischen Speisesaal (mit durchaus empfehlenswerter, traditioneller kanarischer Küche), Schauwerkstätten, in denen inseltypische Handwerke präsentiert werden (z.B. Sticken, Töpfern, Korbflechten) und einen schönen Souvenirshop. Hinzu kommen Ausstellungen zur Volkskunde der Insel, etwa zum Leben der Ureinwohner oder zur religiösen Architektur.

✴ Erlebnisse

 Talleres In den Schauwerkstätten kann man den Handwerkern nicht nur bei der Herstellung von Keramik, Körben oder Mojo-Soßen und anderen traditionellen Produkten zuschauen, sondern in 15-minütigen Seminaren auch selbst etwas herstellen. Es gibt täglich am Vormittag verschiedene Kurse, ein Kurs kostet 3 €, zwei Kurse kosten 5 €, drei Kurse 7 €. ■ Infos und Anmeldung: www.cactlanzarote.com oder Tel. 901 20 03 00

San Bartolomé

Zentrales Städtchen mit Historie und einem ungewöhnlichen Museum

ℹ Information

■ Oficina de Turismo de San Bartolomé, Casa Cerdeña, Calle Dr. Cerdeña Bethencourt 17, Tel. 928 52 12 00, Aug.–Sept. Mo–Fr 8–14, Okt.–Juli Mo–Fr 8–15 Uhr

Obwohl das Hauptstädtchen der gleichnamigen Gemeinde im geografischen Inselzentrum liegt und hier mehrere Landstraßen aufeinandertreffen, besuchen nur wenige Touristen San Bartolomé, denn keine der Straßen führt direkt durch die Stadt. Das sorgt für Ruhe und für eine angenehm entspannte Atmosphäre. Zum Zentrum führt die Ausschilderung »Ayuntamiento« (Rathaus). In dem Ort sind für lanzarotische Verhältnisse ungewöhnlich viele historische Gebäude erhalten geblieben, davor stehen jeweils Erklärungstafeln in spanischer und englischer Sprache, so beispielsweise vor der Casa Cerdeña, dem ehemaligen Rathaus aus dem 19. Jh., das heute die Touristeninformation beherbergt. Zudem ist auf allen Tafeln ein

Nur wenige Touristen besuchen die Plaza León y Castillo in San Bartolomé

Hinter diesen Mauern verbirgt sich das Volkskundemuseum Museo Etnográfico Tanit

Rundgang zu interessanten Gebäuden und Plätzen dargestellt, er dauert etwa 45 Minuten.

◉ Sehenswert

Plaza León y Castillo
| Platz |

Auf dem sehr gepflegten, schönen Platz steht in der Mitte ein großer Brunnen, an zwei Seiten reihen sich die wichtigsten Gebäude des Ortes: das Rathaus mit hohem Glockenturm, Arkaden und stattlichen Palmen davor, das Theaterhaus (in dem auch Konzerte stattfinden) und die kleine Kirche aus dem 18. Jh. Für sie schuf Luján Pérez im Jahr 1810 die Kanzel, er wird allgemein als wichtigster kanarischer Bildhauer anerkannt. Die Kirche ist nur während der Messen zugänglich (Sept.–Juni Mo 9, Mi 18.30, Do 9, Sa 19, So 12 Uhr; Juli, Aug. Mo 9, Mi 18.30, Do 9, Sa 19.30, So 12 Uhr). Angrenzend an den zentralen Platz befindet sich ein kleiner Park mit Bühne und vielen Palmen. Auch er heißt – irreführender Weise – Plaza León y Castillo.

Museo Etnográfico Tanit
| Museum |

Dem privat geführten Museum ist sehr viel Engagement und Liebe anzumerken – aber auch die Mühen, ein großes Haus voller kleiner Exponate in Schuss zu halten. Nicht alles ist immer tipptopp aufgeräumt und abgestaubt, aber gerade das macht auch den Reiz des Museums aus: Im Weinkeller und anderen Räumen eines großen alten Wohnhauses sammelt und zeigt die Familie Perdomo historische und aktuelle Gegenstände aus vielen Bereichen des Lebens. Ein Raum ist Spielzeug gewidmet, in einem anderen ist ein Wohnzimmer eingerichtet, es gibt einen gedeckten Kaffeetisch, landwirtschaftliche Geräte, Weinfässer, viele Gemälde, Korbwaren, Gerätschaften zur Fischerei, Musikinstrumente, Zeitungen und, und, und … Ein wahrlich eindrucksvolles Sammelsurium aus Wertvollem, Alltäglichem und Kuriosem.

■ Calle Constitución 1, Tel. 928 52 23 34, www.museotanit.com, Mo–Sa 10–14 Uhr, 6 €, Kinder frei

Mercadillo Agrícola
| Markt |
Der Markt in der grünen, kleinen Parkanlage unterhalb des zentralen Platzes hat nur zwei Hände voll Stände. Hier gibt es Obst und Gemüse von der Insel sowie haus- und handgemachte Speisen und auch etwas Kunsthandwerk. Das Beste aber sind die Auftritte von Folkloregruppen: Die Tänzer und Musiker aus San Bartolomé gelten zu Recht als besonders begabt. Dabei zu sein, wenn die Dorfbewohner am Sonntagvormittag zusammen tanzen, singen, feiern und fröhlich sind, ist ein wunderbares Erlebnis.

■ Plaza León y Castillo, jeden 1. So im Monat, 9–14 Uhr

 Kinder

Lanzarote Gokarting Eine moderne, sichere Kartbahn mit verschiedenen Angeboten für Kinder und Jugendliche jeden Alters sowie natürlich auch für Erwachsene. Für Kleinkinder existieren eine eigene Bahn und spezielle Minikarts. Eltern mit jüngeren Kids können im Zweisitzer auf der Hauptbahn fahren. Eine besondere Herausforderung stellt das hügelige Gelände dar. ■ Unterhalb des Windparks, am

Kreisverkehr LZ-20 (Arrecife–San Bartolomé)/LZ-303 (Playa Honda–San Bartolomé), Tel. 928 52 00 22, www.lanzarotego karting.com, April–Okt. 10–20, Nov.–März 10–18 Uhr, Preise pro 8 Min. Junior-Karts 12 €, Erwachsenen-Karts ab 15 €, Kleinkinder-Kartbahn 4 €, Ermäßigung jeweils bei mehreren Fahrten

 Parken

Kostenfreie Parkplätze an der **Plaza León y Castillo**. Falls alle belegt sind, findet man in San Bartolomé auch Parkplätze am Straßenrand. An Markttagen bieten sich verschiedene Straßen und Schotterparkplätze ein wenig außerhalb des Zentrums an.

 In der Umgebung

Quesera de Zonzamas
| Archäologische Stätte |
Nur äußerst wenige Relikte aus altkanarischer Zeit sind auf Lanzarote erhalten geblieben. Von dieser kleinen, weder ausgeschilderten noch geschützten Stätte weiß man bis heute nicht, wozu sie diente oder was sie bedeutet. Es handelt sich um Felsen, in die tiefe Rillen gemeißelt wurden – nicht umwerfend eindrucksvoll, aber dennoch sehenswert. Möglicherweise nutzten die Ureinwohner die Felsen, um Getreide wie in einem Mörser zu mahlen, vielleicht handelte es sich aber auch um eine Kultstätte.

■ Westlich der Landstraße LZ-34 zwischen San Bartolomé und Tahíche. Eine an der Müllverbrennungsanlage (Complejo Ambiental) beginnende Schotterpiste führt Richtung Süden zur Quesera. Ein anderer Pfad, der näher an der Quesera von der Landstraße abzweigt, ist in sehr schlechtem Zustand

Übernachten

Immer mehr Reisende entscheiden sich dafür, mindestens ein paar Nächte in Arrecife zu verbringen, wo sie Stadterkundungen mit Strandurlaub kombinieren. Außerdem stehen zur Auswahl: große Hotelanlagen in Costa Teguise, Bungalows in Famara, kleine Unterkünfte auf dem Lande und ein riesiges Sporthotel.

Arrecife 18

€ | Diamar Gepflegte Zimmer direkt am Strand, kostengünstig. Einfach, aber mit allen Basics (WLAN, Minibar, Föhn usw.). Alle Zimmer mit Klimaanlage. Manche liegen an einem Innenhof. ■ Avenida Fred Olsen 8, 35500 Arrecife, Tel. 928 07 24 81, www.hotel diamarlanzarote.com

€–€€ | Hotel Miramar Mitten im Zentrum und direkt am Meer, an der Puente de las Bolas. Das Haus hat 85 Zimmer, wirkt dabei familiär und gemütlich. Moderne, freundliche Unterkünfte, die schönsten im 5. Stock. Dachterrasse. Sehr gutes Preis-Leistungs-Verhältnis. ■ Avenida Coll 2, 35500 Arrecife, Tel. 928 81 26 00, http://de.hmiramar.com

€€€ | Arrecife Gran Hotel & Spa Fünf-Sterne-Hotel im Hochhaus an der Playa del Reducto. Edle Zimmer mit tollen Ausblicken (alle ohne Balkon). Schöner Swimmingpool mit Relax-Landschaft. Spa, Fitness, Gourmetrestaurant, gute Bars. ■ Parque Islas Canarias, 35500 Arrecife, Tel. 928 80 00 00, www.aghotelspa.com/de

Costa Teguise 36

€ | Nazaret Apartments & Mansión Zwei benachbarte Apartmentkomplexe mit Pools im Zentrum von Costa Teguise. Einfach ausgestattete, freundliche Räumlichkeiten. Nazaret Apartments im modernen/internationalen Stil, Nazaret Mansión rustikalkanarisch. ■ Avenida Islas Canarias 1, 35508 Costa Teguise, Tel. 928 59 08 68, www.nazarethotels.com

11 €–€€ | El Guarapo Apartamentos 44 helle, renovierte Apartments (à 42 m² für 2 Personen), umgeben von einem Garten. Geschmackvoll eingerichtet in den Farben Lanzarotes: Grün, Grau, Weiß. Gehobene Ausstattung, komplette Küche. Schöner Swimmingpool, ruhige Atmosphäre und nah am Strand. ■ Calle de las Tabaibas 10, 35508 Costa Teguise, Tel. 928 59 05 07, www.elguarapo.com

€€€ | Barceló Teguise Beach Vier-Sterne-Hotel für Gäste ab 18 Jahren, nahe Playa de las Cucharas. 305 Zimmer, fast alle mit Whirlpool, hell und modern. Poollandschaft. ■ Paseo Marítimo, 35508 Costa Teguise, Tel. 928 59 05 51, www.barcelo.com

€€€ | Belive Experience Lanzarote Beach All-inclusive-Hotel mit direktem Zugang zur Playa de las Cucharas. Vier Sterne, eine komfortable, moderne Anlage. ■ Plaza Janubio 2, 35508 Costa Teguise, Tel. 928 82 72 60, www.belivehotels.com

€€€ | Meliá Salinas Das erste Hotel, das in Costa Teguise eröffnete. Gestaltet unter Mitwirkung von César

Manrique. Fünf Sterne, viel Luxus und Eleganz. Wunderschöne Garten- und Poollandschaft. An der Playa de las Cucharas. ■ Avenida Islas Canarias, 35508 Costa Teguise, Tel. 928 59 00 40, www.melia.com

€€€ | Sands Beach Apartmentanlage für Familien mit Kindern. Künstliche Strandlagune, Pools, Spielzimmer, Wellness, großes Sportangebot. ■ Avenida Islas Canarias 18, 35508 Costa Teguise, Tel. 928 59 58 20, www.sandsbeach.eu

Famara 52

€ | Finca Las Laderas Apartments auf einem 300 Jahre alten Bauernhof, ca. 5 km südlich von Famara. Sehr ruhig und familiär. Liebevolle Ausstattung, Pool, schöner Garten. ■ Calle Las Laderas 2, 35558 Las Laderas, Tel. 928 17 39 42, www.fincalasladeras.com

⑫ **€–€€€ | Bungalows Playa Famara** Die privaten Bungalows in der Urbanización Famara sind teils klein und schlicht, teils sehr luxu-

riös, und alle haben einen schönen Garten. Ruhig und malerisch gelegen zwischen Playa de Famara, Dünen und Steilküste. Eine gute Möglichkeit, eine für den Tourismus lizenzierte Privatunterkunft legal zu mieten. ■ Calle Cascabelillo 2, Bungalow 60, 35558 Famara (Teguise), Tel. 928 84 51 32, www.bungalowsplayafamara.com/de

San Bartolomé 58

€–€€ | Hotel Rural Finca de la Florida Kleines Landhotel auf einem Weingut, gemütliche Zimmer mit Balkon oder Terrasse, gehobener Standard. Großer Garten, Swimmingpool, Kinderbecken, Fitness, Sauna und Kaminzimmer. ■ Calle el Parral 1, 35550 San Bartolomé, Tel. 928 52 11 24, www.hotelfincalaflorida.com

€€–€€€ | Casas Tomarén Historische Villen, groß und luxuriös. Gärten, Terrassen, Swimmingpool. ■ Calle el Parral 144, El Islote, 35550 San Bartolomé, Tel. 928 52 26 18, www.tomaren.es

ADAC *Das besondere Hotel*

Das Sporthotel **Club La Santa** hat 1600 Betten, neben Familien und Freizeitsportlern wohnen und trainieren hier auch Mannschaften sowie viele Leistungs- und Profisportler. Das Sportangebot reicht von Tauchen und Wellenreiten über Beachvolleyball, Radrennen und Schwimmen (3 x 50-m-Becken) bis hin zur Leichtathletik im eigenen Stadion.

€€€ | La Santa, 35560 Tinajo, www.clublasanta.com/de, Infos/Buchung: Club La Santa Reisen GmbH, Sperberhorst 11, 22459 Hamburg, Tel. 040/551 00 34

Haría und der einsame Norden

Ein sehr charmantes Städtchen, geheimnisvolle Lavahöhlen, verborgene Strände und Lanzarotes kleine Schwester

Am wenigsten berührt und beeinflusst vom Tourismus ist diese Region. Zwar befinden sich hier zwei der wichtigsten Sehenswürdigkeiten von Lanzarote, die kunstvoll inszenierten Höhlensysteme von Jameos del Agua und Cueva de los Verdes. Doch deren Besucher sind überwiegend Tagesausflügler, die Umgebung schauen sie sich nicht an. So gibt es hier noch viele kleine Dörfer, in denen die Einheimischen weitgehend unter sich bleiben, preiswerte Restaurants und wunderschöne Strände ohne Sonnenliegen oder -schirme. Landschaftlich beeindruckt der Norden mit den weiten Lavafeldern rund um den Volcán de la Corona, mit idyllischen Sand- und Felsbuchten, mit der atemberaubenden Steilküste Risco de Famara. Und mit kleinen agrarischen Flächen, die Bauern einst mühsam bestellten. Heute werden sie zunehmend wieder für den Anbau von Süßkartoffeln, Zwiebeln oder Linsen genutzt.

In diesem Kapitel:

ADAC Top Tipps:

4 **Jardín de Cactus, Guatiza**
| Kaktusgarten |
César Manrique schuf dieses begehbare Großkunstwerk aus Vulkanasche, bizarr geformten Felsen, 4500 Kakteen aus aller Herren Länder und einem schönen Aussichtscafé in einer einstigen Lavagrube. 66

5 **Jameos del Agua**
| Landschaftkunst |
In einem natürlichen System aus einem Lavatunnel, einem See und vulkanischen Höhlen gestaltete Manrique ein Gesamtkunstwerk mit Gastronomie und Konzertsaal – wohl sein wichtigstes Werk auf der Insel. 71

 La Graciosa
| Insel |
Die kleine Nachbarinsel hat nur ein
Dorf mit 600 Einwohnern, trockenes
Land, Vulkankegel und Top-Strände.
Ein Traum für Individualisten. 74

 Mirador del Río
| Aussichtspunkt |
Auf der steilen Felswand von Famara,
fast 500 m hoch am Abgrund steht ein
kunstvolles Gebäudeensemble, das
den Panoramablick inszeniert. 78

ADAC Empfehlungen:

 El Amanecer, Arrieta
| Restaurant |
Sehr frischer, leckerer Fisch, freundlicher Service und tolle Lage. 68

 Cueva de los Verdes
| Landschaftskunst |
Ein natürlicher Lavatunnel, mit Licht
und Musik zum Kunstwerk erhoben –
mit unterirdischem Konzertsaal. 68

 **Mercadillo de Artesanía,
Haría**
| Kunsthandwerksmarkt |
Schmuck und Taschen, Keramik,
Gestricktes und Parfüms, garantiert
von lanzarotischen Kunsthandwer-
kern hergestellt. 81

**Casa-Museo César Manrique,
Haría**
| Museum |
In Haría wohnte der Künstler von
1988 bis zu seinem Tod im Jahr 1992.
Hier ist alles so gestaltet, als würde
er noch leben. 83

Tausende Kakteen plus Felsen plus Vulkanasche ergeben ein einzigartiges Kunstwerk

13 Jardín de Cactus

4 *Ein begehbares Kunstwerk aus Vulkanasche und Kakteen*

ℹ **Information**

■ Avenida Garafía, Guatiza, Tel. 901 20 03 00, www.cactlanzarote.com, Juli–Sept. tgl. 9–17.45, Okt.–Juni tgl. 10–17.45, 5,80 €, Kinder ab 7 Jahren 2,90 €

Für Freunde von Land-Art wäre dieser Garten allein schon Grund genug, nach Lanzarote zu reisen: Kakteen, so groß, dass die Besucher dazwischen zu verschwinden scheinen. Daneben winzige Pflänzchen und Felsen, die wie tanzende Drachen aussehen, wie Finger, eine Flamencotänzerin oder wie eine Mutter mit Kind in enger Umarmung. Das alles kunstvoll arrangiert

in einer Art Amphitheater, einer Vulkangrube. Denn in früherer Zeit wurde hier Picón abgebaut, die für die Landwirtschaft so wertvolle Vulkanasche (siehe »Wussten Sie schon?«, S. 87).

Der von César Manrique geschaffene Kaktusgarten umfasst ungefähr 4500 Pflanzen und 450 Arten, darunter Kakteen, die an Gehirne erinnern, an riesige Würmer und stramm stehende Wachleute. Eine historische Windmühle hoch oben am Rand des Gartens ermöglicht weite Ausblicke auf die Umgebung, in der bis heute Kakteen zu landwirtschaftlichen Zwecken kultiviert werden: Auf ihnen siedeln sich Cochinella-Läuse an, die den roten Farbstoff Karmin liefern.

Eine Snackbar mit großer Terrasse bietet einen schönen Überblick über den Garten – inklusive Kaffeepausen kann man hier mehrere angenehme Stun-

ADAC *Spartipp*

den verbringen. Und wenn der Garten gerade ziemlich voll ist, weil Reisegruppen da sind, braucht man nur etwas Geduld, denn meist verschwinden sie nach 30 Minuten schon wieder. Wobei es im Garten auch bei großem Andrang meist still bleibt. Das liegt einerseits an der Architektur, die Schall schluckt, v.a. aber an der Faszination, die von dem Garten ausgeht und dafür sorgt, dass die Menschen schweigen oder nur ganz leise sprechen.

Der Kaktusgarten wurde 1990 eröffnet, als letztes Werk von César Manrique auf Lanzarote.

`14` Arrieta

Fischerdorf mit vielen guten Küchen und einem schönen Strand

Eine charmante Mischung aus Fischer- und Feriendorf ist Arrieta, hier wohnen Einheimische und Individualurlauber Haus an Haus, und alle genießen die Ruhe und die schöne Lage des Ortes auf Felsen über dem Meer. Wobei Spa-

ziergänge direkt an der Küste nicht möglich sind, denn die Häuser – bzw. ihre Terrassen und Balkone – reichen bis ans Ufer. Bekannt ist Arrieta für seine vielen Fischrestaurants mit einfacher, sehr guter Küche und für seinen schönen Strand. Als Sehenswürdigkeit gilt auch die Casa Azul (das Blaue Haus): eine private, allein stehende, würfelförmige Villa am Meer, die blau und rot gestrichen ist – eine Seltenheit auf Lanzarote, wo man doch so viel Wert auf einheitlich weiße Häuser legt. Wie ein Augenzwinkern des Architekten wirken da die Holzbalkone in althergebrachter Bauweise. In der Nähe des Ortseingangs, im Kreisverkehr an der Landstraße LZ-1, steht eine große bewegliche Skulptur von César Manrique.

 Sehenswert

Playa La Garita
| Strand |

Die Bucht südlich von Arrieta mit ihrem hellen, feinen Sand ist inselweit einer der beliebtesten Strände bei den Einheimischen. Besonders an Wochenenden und rund um Feiertage herrscht Trubel, zahlreiche Wohnmobile bleiben dann gleich für mehrere Tage hier. Es gibt keine Liegen und Sonnenschirme zum Mieten, dafür aber mehrere nette Bars und Restaurants, einen großen Parkplatz und ganz viel fröhliches Leben. Wer den schönen Strand in Ruhe genießen möchte, kommt an Werktagen oder in den Abendstunden zum Sonnenuntergang.

 Restaurants

€ | Casa de la Playa Nettes Fischrestaurant mit großer Terrasse direkt am Strand. Gute, bodenständige Gerichte.

■ Playa La Garita, Tel. 928 17 33 39, tgl. mittags und abends geöffnet

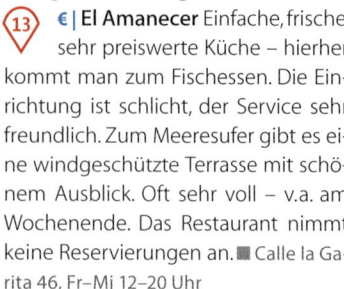

13 € | **El Amanecer** Einfache, frische, sehr preiswerte Küche – hierher kommt man zum Fischessen. Die Einrichtung ist schlicht, der Service sehr freundlich. Zum Meeresufer gibt es eine windgeschützte Terrasse mit schönem Ausblick. Oft sehr voll – v.a. am Wochenende. Das Restaurant nimmt keine Reservierungen an. ■ Calle la Garita 46, Fr–Mi 12–20 Uhr

 Sport

Northdiving Lanzarote Tauchbasis unter deutscher Leitung. Gutes Leihequipment, solide Ausbildung nach PADI, Kurse für Technisches Tauchen. Alles tipptopp organisiert, freundlicher Service. Betaucht werden in erster Linie Plätze im Norden der Insel, manche sind zwar auch für Anfänger geeignet, besonders empfehlenswert sind die Ausflüge aber eher für fortgeschrittene Taucher. ■ Calle la Garita 33, Tel. 928 84 82 85, www.northdiving-lanzarote.com

ADAC *Mittendrin*

Der Strand **La Garita** bei Arrieta ist sehr beliebt bei den Conejeros, den Einwohnern von Lanzarote. Manche verbringen hier ganze Sommerwochen im Wohnmobil, andere kommen jedes Wochenende. Auch die Strandrestaurants und -bars sind voll mit Einheimischen. Wer sich darunter mischt, lernt echtes lanzarotisches Freizeit- und Familienleben kennen. Ähnlich ist es an den Stränden südlich von Arrecife, am und nahe des Flughafens: Playa de la Concha, Playa Honda, Playa de Guacimeta.

15 Punta Mujeres

Entspanntes Inselleben mit Badespaß und guten Einkehrmöglichkeiten

Ein sich am Ufer entlangschlängelndes Dorf mit kleinen weißen Häusern, davor schaukeln ein paar Fischerboote, das Leben geht ganz ruhig seinen Gang: Punta Mujeres ist völlig unspektakulär – und doch so liebenswert, so urig. Deshalb lohnt sich ein Abstecher, wenn man auf der Landstraße LZ-1 unterwegs ist. Möglichst sollte man dann Badekleidung dabeihaben, denn an der Felsküste vor dem Dorf befinden sich schöne Badestellen, bei Flut und Wellen auch ein geschütztes Naturschwimmbecken. Wer außerdem noch Hunger mitbringt, hat Glück: Es gibt gute Restaurants und Tapas-Bars.

 Restaurants

€ | **Bar La Piscina** Eine kleine Bar, wenige Plätze auf der Terrasse direkt am Meer – in diesem schlichten Ambiente gibt es überraschend köstliche Tapas, also kleinere Speisen: hauptsächlich Fisch, aber auch Gemüse, Käse und Fleisch. ■ Calle Virgen del Pino 41, Tel. 928 84 83 11, Mi–Mo Mittagessen

16 Cueva de los Verdes

14 *Ein Lavatunnel als Kunstwerk mit Licht, Schatten und Musik*

 Information

■ Nördlich von Punta Mujeres an der Landstraße LZ-204 (abgehend von LZ-1), Tel. 901 20 03 00, www.cactlanzarote.com, Besichtigung nur im Rahmen von Führungen, Dauer etwa 50 Min., Juli–Sept.

Zauberhaftes Ambiente, ganz besonderer Klang: Konzertsaal in der Cueva de los Verdes

tgl. 10–19 Uhr (letzte Führung 18 Uhr), Okt.–Juni tgl. 10–18 Uhr (letzte Führung 17 Uhr), empfohlene Besuchszeit für Individualreisende: ab 15 Uhr, 9,50 €, Kinder ab 7 Jahren 4,75 €, 20 % Ermäßigung ab 15 Uhr

Vor etwa 3000 bis 5000 Jahren brach der Volcán de la Corona aus, dabei entstand der noch heute eindrucksvolle Monte de la Corona, dazu eine riesige Lavawüste, genannt Malpaís de la Corona, und ein 7 km langer unterirdischer Tunnel, der Túnel de la Atlántida. Ein etwa 1 km langer Abschnitt des Tunnels – der optisch eindrucksvollste Teil – wird als Cueva de los Verdes bezeichnet, »Verde« bezieht sich dabei nicht auf die Farbe (das spanische Wort »verde« bedeutet grün), sondern auf eine Familie, der einst das Land gehörte, die korrekte Übersetzung lautet also »Höhle der Verdes«. Früher nutzten die Bewohner Lanzarotes die Höhle als Schutzraum bei Piratenangriffen und starken Stürmen.

Anfang der 1960er-Jahre schuf hier der Architekt Jesús Soto ein sensationelles und überaus geheimnisvolles Land-Art-Projekt, das 1964 eröffnete, also einige Jahre bevor der später weitaus berühmtere César Manrique ähnliche Projekte initiierte und sie mit Soto gemeinsam umsetzte.

Die Verwalter des begehbaren Kunstwerkes empfehlen, möglichst unvorbereitet in die fantastische Unterwelt Lanzarotes einzutauchen. Und tatsächlich ist das eine sehr gute Idee: sich unvoreingenommen verzaubern zu lassen von dem Spiel aus Licht, Schatten und Musik inmitten bizarrer Formationen mit Stalaktiten, Rissen, Felsfingern, plötzlichen Abgründen und anderen vulkanischen Verrücktheiten. Ein Erlebnis, das weit über den Urlaub hinauswirkt.

 Konzerte

Mitten in der Cueva de los Verdes, umgeben von magisch angestrahlten La-

Im Blickpunkt

Fisch, Kaninchen, Eintöpfe: Lanzarotes traditionelle Küche

Die typischen Speisen der Insel sind recht einfach, oft etwas derb, dafür aber aus sehr guten, frischen Zutaten hergestellt. Glücklich sind die Menschen hier etwa, wenn es frisch gefangenen, gegrillten Fisch gibt. Dazu etwas Knoblauch, Salz, Pfeffer und Zitrone, als Beilagen ein kleiner gemischter Salat (ohne Dressing, sondern schlicht mit Öl und Essig) und »papas arrugadas« (Runzelkartoffeln, mit Schale gegart) und »mojos« (kalte Kräuter- und Paprikasoße) – fertig ist das Lieblingsgericht. Deshalb unterscheiden sich die Karten der meisten Fischrestaurants kaum. Typische Fischarten, die in kanarischen Gewässern vorkommen, sind etwa die Sardine (»sardina«), verschiedene Barscharten (»besugo«, »mero«, »cherne«), der atlantische Papageifisch (»vieja«), die Meerbrasse (»corvina«) und diverse Tintenfischarten (»pulpo«, »calamar«, »choco«, »sepia«, »chipirón«). Viele andere Fischarten, wie etwa Thunfisch (»atún«, »bonito«), Seezunge (»lenguado«) oder Dorade (»dorada«) kommen oft von weiter her oder aus Aquakulturen. Eine köstliche und populäre Vorspeise sind gedämpfte Miesmuscheln (»mejillones«), auch sie finden sich in kanarischen Gewässern. Große Garnelen (»langostinos«) sind rund um die Inseln sehr rar und werden importiert. Wichtigste Fleischspezialität Lanzarotes ist Kaninchen (»conejo«), im Herbst werden wilde Kaninchen gejagt (»conejos silvestres«), auch Ziegenfleisch (»carne de cabra«) bzw. Zicklein (»cabrito«) spielen eine Rolle in den Küchen – sowie natürlich Huhn. Schweine und Rinder gibt es auf Lanzarote nicht, ihr Fleisch stammt von der Iberischen Halbinsel oder aus internationaler Zucht. Deftig und nahrhaft sind die kanarischen Eintöpfe wie der »puchero canario« aus verschiedenen Gemüsesorten plus Fleisch und »gofio« (geröstetes Mehl) sowie die »cazuela de pescado«, ein bunter Fisch- und Meeresfrüchtemix mit Zwiebeln, Knoblauch und Weißwein. Solche Eintöpfe sind nicht unbedingt das, was man in sonnigen südlichen Strandparadiesen erwartet – aber sie repräsentieren die typische, authentische Inselküche.

vaformationen, gibt es eine Konzertbühne, gespielt wird hier in erster Linie klassische Musik. Das Publikum sitzt sehr nah an den Musikern, es entstehen eine einzigartige Atmosphäre und ein toller Klang. ■ Termine und Tickets: www.cactlanzarote.com

17 Jameos del Agua

Gesamtkunstwerk aus Felsen, Architektur, Musik und Gastronomie

 Das berühmteste Projekt des Künstlers César Manrique

i Information

■ Nördlich von Punta Mujeres an der Landstraße LZ-1, Tel. 901 20 03 00, www. cactlanzarote.com, Besichtigung Juli–Sept. Mo, Do, Fr, So, 10–18, Di, Mi, Sa 10–0.30, Okt.–Juni Mo, Mi–Fr So 10–18, Di, Sa 10–0.30 Uhr, empfohlene Besuchszeit: 10–11 und ab 15 Uhr, 9,50 €, Kinder ab 7 Jahren 4,75 €, 20 % Ermäßigung ab 15 Uhr, Café tgl. 10–18.30 Uhr, Restaurant Juli–Sept. Mo, Do, Fr, So 12–16, Di, Mi, Sa 12–16, 19–23, Okt.–Juni Mo, Mi–Fr, So 12–16, Di, Sa 12–16, 19–23 Uhr, Bar: Juli–Sept. Di, Mi, Sa 19–0.30, Okt.–Juni Di, Sa 19–0.30 Uhr

Ein 7 km langer unterirdischer Lavatunnel entstand bei einem Vulkanausbruch vor mehreren tausend Jahren. Einen Abschnitt davon gestaltete der Künstler César Manrique zum Natur- und Kulturerlebniszentrum aus. Bis heute gilt Jameos del Agua als wichtigstes Kunstwerk der Insel.

Tiefe Dunkelheit empfängt die Besucher in manchen Teilen des Grottensystems, an anderen Stellen fällt durch natürliche oder künstlich kreierte Öffnungen das Sonnenlicht ein. In einem unterirdischen See leben kleine, weiße, blinde Krebse – eine endemische Art, die sich aufgrund des Lichtmangels entwickelte. Sphärische Musik erfüllt die Räume, darunter sind Stücke, die der britische Künstler Brian Eno speziell für Jameos del Agua produzierte. Vertikale Beete zieren Felswände. Auf einer natürlichen Felsbühne in einem großen Auditorium finden Konzerte und Tanzaufführungen statt.

Dem einzigartigen Natur-Kunst-Komplex ist auch das Museum Casa de los Volcanes (Haus der Vulkane) angegliedert, das sich der Entstehung und Beschaffenheit von Vulkanen widmet. Zudem gibt es ein gutes Restaurant mit gehobener internationaler Küche und einzigartiger Atmosphäre, ein Café, das einen weiten Überblick über die Anlage ermöglicht, und eine Bar, die abends direkt an dem geheimnisvollen See öffnet.

»Jameo« ist ein speziell lanzarotisches Wort, es bedeutet »Erdöffnung« bzw. bezeichnet es den Zugang zu einer unterirdischen Höhle, einem Tunnel.

♩♩ **Konzerte**

Regelmäßig finden Klassik-, Jazz- und Popkonzerte im **Auditorium von Jameos del Agua** statt. Die Bühne umgeben natürliche Felswände, die Zuschauerreihen sind wie in einem stark ansteigenden Amphitheater angeordnet. Man sitzt auf bequem gepolsterten Sesseln und kann die Beine weit ausstrecken. So sind die Veranstaltungen ein vierfaches Erlebnis: Musik gesellt sich zu Architektur, Natur verbindet sich mit Entspannung. Samstagabends spielen außerdem Bands an der Bar direkt am See, das Publikum steht und sitzt rundherum in der kunstvoll gestalteten Lavafelslandschaft – auch dies ein traumhaftes Erlebnis. In den Eintrittspreisen zu Konzerten ist jeweils die nächtliche Besichtigung der gesamten Anlage enthalten. Angeboten werden zudem Erlebnisabende mit Essen im Restaurant und anschließendem Konzertbesuch. ■ Programm, Infos und Tickets: www.cactlanzarote.com

Events

Jameos Music Festival Alljährlich finden mehrere Partys mit DJ- und Livemusik im spektakulären Ambiente von Jameos del Agua statt. Es treten renommierte internationale Künstler auf.■ Jährl. an ca. vier Terminen zwischen Juli und Sept., Shuttlebusse verkehren zwischen Arrecife und Jameos del Agua, Eintritt pro Veranstaltung 26–34 €, Infos/ Tickets: www.cactlanzarote.com

ADAC *Mittendrin*

Alljährlich im Herbst feiert Lanzarote das **Festival de Música Visual** – mit Events, bei denen international gefeierte Musiker mit Licht- und Videokünstlern zusammenarbeiten (siehe Festivals und Events, S. 128). Der musikalische Schwerpunkt liegt auf aktuellen Kompositionen und Klängen aus den Bereichen Jazz, Experimental und Klassik. Schauplätze sind ungewöhnliche Örtlichkeiten wie alte Klöster, die Cueva de los Verdes – oder Jameos del Agua. Die Veranstaltungen sind quasi Pflichttermine für kulturinteressierte Einheimische, es kommen eher wenige Touristen.

 In der Umgebung

Quesera de Bravo
| Archäologische Stätte |

Eine Vorrichtung, um Getreide zu mahlen? Eine Kultstätte? Oder etwas ganz anderes? Archäologen konnten bisher nicht herausfinden, welchem Zweck die bearbeiteten Felsen dienten, die Lanzarotes Ureinwohner hier hinterließen. Die Stätte ist nicht groß und auch nicht besonders eindrucksvoll, doch als eines der wenigen Zeugnisse vorspanischer Kultur durchaus von Bedeutung. Das Areal ist weder ausgeschildert noch beschriftet, doch man findet es ohne viel Mühe: vom Parkplatz Jameos del Agua geht es zu Fuß zur Landstraße LZ-1. Dann die Straße überqueren, nach etwa 20–30 m zweigt südlich von der LZ-204 ein Pfad ab, der zur Quesera führt. Man erreicht sie nach weiteren 5 bis 10 Minuten.

18 Órzola

Das Tor zur Insel La Graciosa: ein Hafen und zahlreiche Restaurants

Malerisch liegt das weiße Dorf zu Füßen einer mächtigen, schwarzen Steilküste, im Hafen dümpeln farbenfrohe Fischerboote – das alles bietet wunderschöne Anblicke und Fotomotive. Doch darauf achten die meisten Menschen, die hierherkommen, gar nicht, denn sie wollen gleich weiter: nach La Graciosa. Das einstige Fischerdorf Órzola lebt heute in allererster Linie von den Ausflüglern auf die Nachbarinsel, die hier am Hafen in Boote und Schiffe steigen. Und die in den Abendstunden nach der Rückkehr von La Graciosa eines der vielen Fischrestaurants besuchen.

Órzola bietet tolle Perspektiven – doch die meisten Gäste reisen nur schnell durch

Wer etwas mehr Zeit in Órzola verbringen kann und mag, sollte einen herrlichen Spaziergang entlang der Uferpromenade vom Hafen in Richtung Süden unternehmen.

Restaurants

€ | Perla del Atlántico Ein Fischrestaurant etwas abseits der stets gut besuchten Gastromeile an der Promenade über der Felsküste. Mit Terrasse und verglaster Veranda. Einfache und gute preiswerte Küche. ■ Calle Peña del Señor Dionisio 5, Tel. 603 24 01 17, tgl. Mittag- und Abendessen

€€ | Punta Fariones Die Spezialität in diesem Restaurant mit rustikalem Ambiente sind üppige Fisch- und Meeresfrüchteplatten, auf der Karte findet sich aber auch Pizza. ■ Calle la Quemadita 10, Tel. 928 84 25 26, Mi–Mo mittags und nachmittags geöffnet

In der Umgebung

Lanzaloe
| Plantage |

Lanzaloe stellt hochwertige Aloe-Vera-Kosmetik her – als einziges Großunternehmen dieser Art hat es seine Produktionsstätte auf Lanzarote und verwendet ausschließlich Pflanzen, die

ADAC *Mittendrin*

Die Strände und Badestellen an der Landstraße LZ-1 zwischen **Órzola** und **Jameos del Agua** sind an sonnigen Sonntagen beliebte Ausflugsziele der Einheimischen. Sie genießen pure Natur, die Ruhe, ein Picknick, den Wind und die Geselligkeit – ohne jeglichen Komfort, fernab der Städte, Dörfer und der blitzblank herausgeputzten Touristenstrände.

Kein Witz: Diese Kirche steht an der Hauptstraße von Caleta del Sebo

auf der Insel gewachsen sind. Nahe Órzola befindet sich eine der Plantagen, 10 ha groß. Man kann sie besichtigen und viel Interessantes über Aloe Vera erfahren. Im dazugehörigen Shop gibt es eine vielfältige Auswahl an Cremes, Seifen, heilenden Gels, Sonnenschutz und mehr – zu absolut angemessenen Preisen.

Caletón Blanco
| Strand |
Weißer Strand, dunkle Lavafelsen und Geröll sowie klares, türkisfarbenes Wasser schaffen spektakuläre Bade- und Entspannungsplätze am Rande der Lavawüste Malpaís de la Corona. Caletón Blanco ist nur einer von vielen verlockenden Orten, hat aber gegen-

über anderen einen Vorteil: Kleine Lavapools sorgen dafür, dass man trotz der oft starken Strömungen baden kann. »Zocos« – runde Mauern, wie sie in der lanzarotischen Landwirtschaft genutzt werden – bilden windgeschützte Sonnenplätze. Es gibt keine Infrastruktur etwa in Form von Toiletten oder Liegen zum Mieten, und zu keiner Zeit ist es hier überlaufen.

19 La Graciosa

 Das Inselchen der Stille und der paradiesischen Strände

ℹ Information

■ Zuständig sind die Tourismusbüros in Teguise und Costa Teguise (S. 36, 44)

Nur ein Dorf (Caleta del Sebo) und eine winzige Siedlung mit privaten Ferienhäusern (Pedro Barba) gibt es auf La Graciosa. Mit 27 km² ist dies das kleinste bewohnte Inselchen der Kanaren, es hat nur 600 Einwohner, ist autofrei und hat keine Asphaltstraßen. Vom kargen, hellen, wüstenartigen Boden erheben sich vier Vulkankegel, die Montaña Amarilla im Südwesten (172 m hoch), die Montaña del Mojón (188 m) und La Aguja Grande (266 m) im Zentrum sowie die Montaña Bermeja (157 m) im Nordwesten. Das Leben auf La Graciosa verläuft sehr gemächlich, es gibt ein recht gut ausgebautes Wanderwege- und Mountainbikenetz, Strände, eine Tauchschule – ansonsten sind Ruhe und Entspannung angesagt.
Noch vor wenigen Jahrzehnten war La Graciosa ein von den Einheimischen und Touristen auf Lanzarote kaum beachtetes Fischerinselchen, mittlerweile hat sich weit herumgesprochen, wie

ungewöhnlich schön die Landschaft und wie nett das Dörfchen ist. Das führt dazu, dass v.a. in den Sommermonaten und rund um Feiertage großer Andrang auf der Insel herrscht: Tagesausflügler strömen herbei, Ferienwohnungen sind lange im Voraus ausgebucht, Restaurants überfüllt und Geschäfte leergekauft. Es gibt Überlegungen, die Besucherzahl zu beschränken, doch sollte dies wirklich passieren, wird bis dahin noch viel Zeit vergehen. Wer Ruhe, Natur und Ursprünglichkeit auf La Graciosa genießen möchte, kommt in der Nebensaison zwischen November und Ostern (ausgenommen Weihnachten und Silvester).

 Sehenswert

Caleta del Sebo
| Dorf |

Im einzigen Dorf auf La Graciosa leben rund 600 Menschen in einfachen weißen Häusern an staubigen Sandwegen, außerdem existieren ein paar kleine Apartmentanlagen und Pensionen, dazu winzige Geschäfte und wenige Bar-Restaurants. Das Kirchlein Virgen del Mar ist ausgestattet mit Objekten aus der Fischerei: ein Boot, Anker, Ruder, Netze. Der Hafen von La Graciosa ist groß, bis heute bringt die Fischerei das meiste Geld. Doch auch immer mehr Sport- und Ausflugsboote legen an.

Im Blickpunkt

Aloe Vera – Medizin und Mythos

Seit Jahrhunderten wächst sie wild auf den Kanaren, seit einigen Jahrzehnten wird Aloe Vera hier auf großen Plantagen angebaut. Sie liegt im Trend als heilende und die Haut pflegende Pflanze, und deshalb wird auf den Inseln noch viel mehr Aloe Vera verkauft als kultiviert. Ein großer Teil der Kosmetikprodukte, die man in Supermärkten und Parfümerien erhält, stammt aus China.

Die kaktusgrünen, fleischigen Blätter wachsen ohne Stamm direkt aus dem Boden. Nach fünf Jahren kann man sie ernten: Per Hand trennen dann die Arbeiter die einzelnen Blätter ab, reinigen sie und pressen den Saft heraus. In ebendiesem Saft stecken die wichtigsten Wirkstoffe. Er wirkt lindernd bei Entzündungen, Juckreiz (etwa durch Insektenstiche) oder Verbrennungen, und er versorgt die Haut intensiv mit Feuchtigkeit. Umstritten ist hingegen seine Wirkung bei innerer Anwendung, so wird ihm nachgesagt, eventuell gegen Verdauungsbeschwerden zu helfen.

Viele kanarische Familien haben ein paar Aloe-Vera-Pflanzen im Garten. Verbrennt sich jemand beim Kochen oder gibt es einen Sonnenbrand, wird einfach ein Blatt von der Pflanze geschnitten und der Saft auf die Wunde gestrichen. Vermarkter ziehen gern auch historische Referenzen heran: Kleopatra, die Beauty-Ikone der Antike, soll ihre Haut mit dem Gel eingerieben haben, Alexander der Große ließ angeblich die Wunden seiner Soldaten mit Aloe Vera behandeln. Und als Christoph Kolumbus im Jahr 1492 von den Kanaren Richtung Amerika in See stach, soll er mehrere dieser Gewächse an Bord genommen haben, zur medizinischen Versorgung.

Playa del Salado
| Strand |

In 10 bis 15 Minuten erreicht man zu Fuß von Caleta del Sebo diesen hellen, 1800 m langen Sandstrand mit kristallklarem Wasser und Ausblick auf die imposante gegenüberliegende Steilküste, den Risco de Famara. Es gibt Duschen und WCs. Hier liegt auch die einzige Zone der Insel, auf der Camping erlaubt ist (nur nach Anmeldung unter www.reservasparquesnacionales.es).

Playa de la Cocina
| Strand |

Unterhalb des Vulkankegels Montaña Amarilla liegt diese Strandbucht – die rötlich-gelb leuchtende Wand des Vulkans bildet eine malerische Kulisse. Der Strand bietet schöne Ausblicke auf Lanzarotes spektakuläre Steilküste Risco de Famara. FKK ist hier zwar nicht offiziell erlaubt, aber üblich.

Playa de las Conchas
| Strand |

Der 610 m lange Muschelstrand (so die Übersetzung des Namens) erstreckt sich an der Nordwestküste unterhalb der rötlichen Montaña Bermeja, er gilt als schönster Strand von La Graciosa, mit seinem feinen weißen Sand und glasklaren Wasser erinnert er an ein Südseeparadies. Doch anders als dort, in der Ferne, herrschen hier meistens Wind und hohe Wellen. Häufig ist es gar nicht möglich zu baden, aber auch an milden Tagen sollten sich nur geübte Schwimmer ins Wasser wagen. Der Ausblick reicht hinüber zu malerischen Felsen und dem streng geschützten Inselchen Alegranza.

■ Ausgeschilderter Fahrrad- und Fußweg ab Caleta del Sebo: 5,1 km, etwa 1,5 Std. zu Fuß, 0,5 Std. mit dem Fahrrad

ADAC *Mobil*

Pkws sind auf La Graciosa verboten, aber die Bewohner dürfen **Jeeps** nutzen – und damit auch Touristen transportieren. Am Hafen erwarten Tourenanbieter mit ihren Jeeps die Fährpassagiere. Sie bringen Gäste zu Stränden und holen sie zur vereinbarten Zeit wieder ab (ca. 10 € pro Strecke) oder machen auch Inselrundfahrten (rund 1–1,5 Std., ca. 40 €). Zur Hochsaison, also in den Sommermonaten, an Feiertagen und um diese herum, bilden sich allerdings bisweilen längere Schlangen von wartenden Fahrgästen.

Verkehrsmittel

Fähren der Reedereien Lineas Romero und Biosfera Express verkehren jeden Tag stündlich ab/bis Órzola, pro Strecke etwa 25 Minuten, Hin- und Rückfahrt 20 €, Kinder 11 €. ■ Lineas Romero: Tel. 928 84 20 55, www.lineasromero.com; Biosfera Express: Tel. 928 84 25 85, www. biosferaexpress.com

Restaurants

€ | Casa Enriqueta Köstlich frischer Fisch, nette Bedienung, familiäre Atmosphäre und schlichtes Ambiente. Terrassenplätze. ■ Calle Mar de Barlovento 6, Caleta del Sebo, Tel. 928 84 20 84, tgl. mittags und abends

€–€€ | El Marinero Bodenständige, vielseitige Fischküche und gute Steaks im relativ großen, schmucklosen Speisesaal. ■ Calle García Escámez 14, Caleta del Sebo, Tel. 928 84 20 70, Di–So mittags und abends

Erlebnisse

Die Reederei Lineas Romero bietet begleitete **Tagesausflüge nach La Graciosa** an. Das Programm startet mit der Abholung der Gäste am Hotel, anschließend geht es mit dem Bus nach Órzola und mit der Fähre nach Caleta del Sebo. Die Besucher können an einer Führung teilnehmen oder das Dorf auf eigene Faust besichtigen. Daraufhin folgt ein mehrstündiger Trip auf einem Katamaran zu den Stränden von La Graciosa, an denen man baden, schnorcheln oder einfach nur Sonne tanken und sich entspannen kann. Schließlich geht es zurück nach Caleta del Sebo, von dort weiter mit der Fähre nach Órzola und per Bus zum Hotel. ■ Lineas Romero, Tel. 928 84 20 55, www.lineasromero.com, Dauer des Ausflugs 5–6 Std. ab/bis Órzola, ab 59 €, Kinder 35 € inkl. Transfers, Fähre, Katamaranausflug, Reiseleitung, Speisen, Getränke, Verleih von Ausrüstung fürs Schnorcheln und andere Aktivitäten im Wasser

Sport

Centro Buceo Archipiélago Chinijo Das große, modern ausgestattete Tauchzentrum bietet Ausflüge in die unberührte Unterwasserwelt rund um La Graciosa. Es verfügt über eigene Boote. ■ Avenida Virgen del Mar 119 A, Caleta del Sebo, Tel. 629 45 14 30, www.buceolagraciosa.com

Uruciosa Bike La Graciosa Eine von mehreren Mountainbikeverleihstationen in Caleta del Sebo. Auch geführte Ausflüge. Mehrstündige Touren sind nur geübten Fahrern zu empfehlen – die Wege sind anspruchsvoll. ■ Calle la Caletilla 2, Tel. 626 50 74 58, www.bicicletaslagraciosa.com

Wandern

La Graciosa hat ein gut ausgebautes Wanderwegenetz. Fußwege führen zu allen größeren Stränden, zudem lässt sich die Insel an einem Tag zu Fuß umrunden. Steigungen gibt es dabei nicht,

Die Playa de la Cocina scheint fast unwirklich, so fein ist der Sand, so klar das Wasser

aber auch keinen Schatten, zudem weder Gastronomie noch Geschäfte. Man sollte deshalb nur außerhalb der wärmsten Monate wandern, immer Sonnenmilch und eine Kopfbedeckung dabei haben sowie reichlich Trinkwasser und Nahrung. ■ Wanderkarte erhältlich in den Touristeninformationsbüros

20 Mirador del Río

 Schauen, staunen, verstehen – am schönsten Aussichtspunkt der Insel

 Information

■ Am nördl. Ende der Landstraße LZ-202, Tel. 901 20 03 00, www.cactlanzarote.com, tgl. 10–18.45 Uhr, Café: Juli–Sept. tgl. 10–18.45, Okt.–Juni 10–17.45 Uhr, empfohlene Besuchszeit für Individualtouristen: ab 15 Uhr, 4,75 €, Kinder ab 7 Jahren 2,40 €

Nicht wenige Gäste finden es erst einmal empörend, Eintritt für eine Aussichtsplattform zahlen zu müssen – doch sowie sie den Mirador del Río betreten haben, verstehen sie, dass dieses Erlebnis noch viel mehr wert wäre. Das mehrstöckige Bauwerk entstand nach Ideen des Künstlers César Manrique, konzipiert haben es die Architekten Eduardo Cáceres und Jesús Soto – eine wahre Meisterleistung. Denn das Gebäude ist von außen kaum als solches zu erkennen, die Konstrukteure ließen einen Felsen aushöhlen, die Räume und Terrassen wurden darin integriert, mit Felsgestein wurde das Bauwerk schließlich wieder bedeckt. Es steht an einem der optisch beeindruckendsten Orte der Insel, in 475 m Höhe auf dem Risco de Famara, der steilen Felswand von Famara. Unten sind Strände und alte

Salinen zu sehen, weiter schweift der Blick hinüber nach La Graciosa, La Alegranza und drei weiteren kleinen Inselchen – oder besser: größeren Felsen –, die zusammen den Archipiélago de Chinijo bilden (Chinijo-Archipel). Die Meerenge zwischen Lanzarote und La Graciosa heißt El Río, daher der Name Mirador del Río.

Im Hauptraum gibt eine Fensterfront ein atemberaubendes Panorama frei, hier befindet sich auch eine Cafeteria mit Tischen und Stühlen, die an windigen Tagen gern genutzt wird. Große, kunstvolle Mobiles hängen unter der Decke – nicht nur als Dekoration, sondern auch als Schalldämpfer. Von hier aus gelangt man auf die Hauptaussichtsterrasse. Eine weitere, höher gelegene Terrasse ist über Treppen zu erreichen. Zu dem Gebäudeensemble gehört auch ein Souvenirshop.

An stark bewölkten Tagen ist der Mirador meist in Dunst getaucht, dann kann man zwar die Architektur bestaunen, nicht aber den famosen Ausblick genießen. Dafür gibt es dann Ermäßigung beim Eintritt.

 Wandern

Südlich unterhalb des Mirador liegt der traumhafte Strand **Playa del Risco**: einsam, mit hellem Sand und von einer spektakulären Landschaft umgeben. Man erreicht ihn nur zu Fuß über einen serpentinenreichen Weg. Startpunkt der Wanderung ist ein Parkplatz am westlichen Arm der zweigeteilten Landstraße LZ-202, vom Mirador aus kommend kurz bevor es links nach Ye geht. Der Abstieg dauert etwa 45 bis 60 Minuten, der spätere Aufstieg entsprechend länger. Es sind ca. 400 Höhenmeter zu überwinden.

21 Guinate

Guter Ausgangspunkt für vielfältige
Entdeckungen und Erlebnisse

Guinate ist ein winziger, eigentlich komplett uninteressanter Weiler, aber in seiner Umgebung finden sich drei sehr schöne Erlebnis- und Aussichtsadressen. Der Zoo Guinate Tropical Park, der immer noch ausgeschildert ist, wurde allerdings schon vor Jahren geschlossen.

Die Lava, die der Monte de la Corona aus-
stieß, prägt die umliegende Landschaft

 In der Umgebung

Mirador de Guinate

| Aussichtspunkt |

Dieser wenig bekannte Aussichtspunkt liegt wie der Mirador del Río über der Steilwand der Famara-Felsen. Bei klarem Wetter reicht der Blick nicht nur hinab zur Küste bei Famara und zu den umgebenden Stränden, sondern weit in Richtung Südlanzarote und hinüber nach La Graciosa sowie zu den anderen Inseln und Felsen des benachbarten Chinijo-Archipels.

■ Am Ende der Straße, die von der LZ-201 abgeht und durch den Weiler Guinate führt

Monte Corona

| Vulkan |

Der 609 m hohe Vulkankegel, westlich der Landstraße LZ-201 und südlich des Dörfleins Ye gelegen, ist eine der sehenswertesten Landmarken der Insel. Rund, dunkel und mächtig erhebt er sich in weitgehend flacher, karger Umgebung. Vor 3000 bis 5000 Jahren brach der Vulkan aus und schuf die Lavalandschaft Malpaís de la Corona, die bis an die Ostküste reicht, im Norden bis nach Órzola und im Südosten über die Cueva de los Verdes und Jameos del Agua hinaus.

Ein mittelschwerer Wanderweg führt in etwa 45 Minuten von Ye (Beginn des Pfades nördlich der Kirche) auf den Kraterrand, dabei ist ein Höhenunterschied von 200 m zu überwinden. Erfahrene Wanderer können den Krater auch umrunden.

LZ-202, Westroute

| Panoramastraße |

Zwei Straßen verbinden Guinate und den Mirador del Río, beide tragen die Nummer LZ-202. Die komfortabelste Route beginnt in Ye, viel schöner aber ist die kleinere Straße entlang der Westküste. Sie eröffnet wundervolle Panoramen und ist, obgleich recht schmal, ohne Risiken zu befahren.

22 Haría

Idyllisches Dorf mit dem schönsten Markt der Insel

Haría, eines der schönsten Dörfer auf Lanzarote, im »Tal der tausend Palmen«

ℹ️ Information

■ Auskünfte erteilen die Touristeninfos in Teguise (S. 44), Costa Teguise (S. 36) und Arrecife (S. 18)
■ Parken siehe S. 84

»Tal der tausend Palmen« wird die Landschaft, in der Haría liegt, gern genannt. Doch es sind weit mehr als tausend: Rund 2000 Exemplare der Art Phoenix canariensis wachsen allein in und um das Städtchen – in der gesamten Gemeinde Haría (sie reicht bis zur Nordspitze der Insel) wurden sogar an die 10 000 Palmen gezählt. Aber nicht nur die Bäume sorgen dafür, dass der Ort als einer der bezauberndsten der

Insel gilt, sondern insbesondere auch die gepflegten weißen, kubischen Häuser, der reiche Blumenschmuck und die angenehm ruhige Atmosphäre.
Der Künstler César Manrique wählte Haría zu seinem letzten Wohnsitz und ließ sich hier ein großes, eigenwilliges Gebäudeensemble bauen, das man heute besichtigen kann. Auch wurde er auf dem Friedhof des Ortes begraben. Zudem ist Haría der Hauptort des Kunsthandwerks auf Lanzarote, hier gibt es zahlreiche Werkstätten und den schönsten Kunsthandwerksmarkt.
Obwohl Haría der Hauptort einer zumindest flächenmäßig nicht kleinen Gemeinde ist, verfügt es über kein Touristeninformationsbüro.

Plan
S. 83

haus enthält ein Marienbildnis des bedeutenden kanarischen Künstlers José Luján Pérez (um 1800), sie öffnet allerdings nur zu Messen.

➋ Mercadillo de Artesanía
| Kunsthandwerksmarkt |

 Kunst und Köstliches aus lanzarotischen Werkstätten und Küchen

Dass dieser Kunsthandwerksmarkt als schönster der Insel gilt, hat viele Gründe. Da ist zum einen die Umgebung, die angenehme Atmosphäre auf Harías zentralem Platz. Da ist die große Auswahl an Gesticktem und Gebackenem, Getöpfertem, Gemaltem, Geschnitztem, Bedrucktem – und auch an Geerntetem, denn neben Kunst- und Feinkostständen gibt es auch ein paar Obst- und Gemüsehändler. An vielen Ständen stehen die Produzenten selbst, beraten bereitwillig die Kunden und erklären ihr Handwerk.

Da Haría weit abseits der Touristenzentren liegt, ist der Markt nicht halb so überlaufen wie etwa der in Teguise. Und nicht zuletzt ist dies auch der größte Markt seiner Art auf Lanzarote. Alle angebotenen Waren sind garantiert auf der Insel produziert.

 Plaza León y Castillo (Plaza de Haría), Sa 10–14.30 Uhr

➌ Museo de Arte Sacro
| Museum |

In einem typischen alten Wohnhaus sind auf zwei Stockwerken Gemälde, Altarbilder, Skulpturen, Leuchter und andere kunstvolle religiöse Gegenstände aus dem 17. bis 20. Jh. zu sehen. Viele der Exponate gehörten einst zum In-

 Sehenswert

➊ Plaza León y Castillo (Plaza de Haría)
| Platz |

Unter einem Platz stellt man sich eigentlich etwas anderes vor: Die Plaza León y Castillo, auch Plaza de Haría genannt, ist eher eine kleine Fußgängerallee, auf der alte, hohe Lorbeer- und Eukalyptusbäume für angenehmen Schatten sorgen. Einfache, niedrige weiße Häuschen säumen die Straße, an deren Ende die gut 50 Jahre alte Kirche Nuestra Señora de la Encarnación steht – der Vorgängerbau war durch ein Unwetter zerstört worden. Das weitgehend schmucklose Gottes-

Die Plaza de la Constitución, der edel gestaltete Rathausplatz von Haría

ventar der alten, benachbarten Kirche Nuestra Señora de la Encarnación, die in den 1950er-Jahren durch ein Unwetter zerstört wurde. Besucher erhalten nicht nur einen Einblick in die Geschichte der religiösen Kunst, sondern auch in die traditionelle Inselarchitektur mit dicken Wänden, kleinen Fenstern und Holzdecken.

■ Plaza León y Castillo 1 (Plaza de Haría), Tel. 928 83 50 11, Di, Do–Sa 10–15 Uhr, Eintritt frei, Spende erbeten

 Plaza de la Constitución
| Platz |

Hell, prachtvoll und repräsentativ: Harías zweiter Hauptplatz wirkt viel typischer als die Plaza León y Castillo (Plaza de Haría). Hier steht das kleine, klassizistische Rathaus, weiß und vulkangrau gestrichen. In der Mitte ist mit dekorativen Elementen – Tor, verzierte Mauern, Pflanzenbeete – eine Zone mit Bänken abgetrennt, zum Ausruhen und als Treffpunkt. Bougainvilleen blühen so

üppig, als gehe ein kleines Dauerfeuerwerk über dem Platz nieder.

5 El Aljibe
| Kunstgalerie |

Eine einstige Zisterne unter dem Rathausplatz wurde zu dieser hellen, geräumigen und recht ansprechenden Kunstgalerie umgestaltet. In monatlich wechselnden Ausstellungen sind überwiegend Werke von Künstlern zu sehen – und auch zu kaufen –, die auf Lanzarote oder anderen Kanarischen Inseln ihren Lebensmittelpunkt haben.

■ Plaza de la Constitución, bei Ausstellungen Mo–Sa 10–14 Uhr, Eintritt frei

6 Mercado Municipal de Abastos
| Markthalle |

In der winzigen Markthalle herrscht eine wunderbar authentische, dörfliche Atmosphäre. Ein Imbissrestaurant bietet typische, einfache und absolut empfehlenswerte Speisen zu geringen Preisen – die Einheimischen kommen sehr gern zum Mittagessen hierher. Zudem gibt es kleine Stände und Geschäfte mit Fisch und Fleisch, Obst und Gemüse, Kräutern, Kuchen und Lebensmitteln aus Bio-Anbau.

■ Calle Barranco de Tesnesia, Markthalle und Restaurant Mo–Sa 9–16 Uhr, die Shops haben unterschiedliche Öffnungszeiten, so gibt es Fleisch nur Do–Sa 9–14, Fisch nur Di, Fr, Sa 9–14 Uhr

⑦ Taller Municipal de Artesanía de Haría
| Kunsthandwerk |

In einem großen, schön restaurierten alten Gewerbebau haben viele verschiedene Künstler und Kunsthandwerker ihre Werkstätten, hier empfangen sie gern Kunden, nehmen sich Zeit für Gespräche – und verkaufen ihre Werke natürlich auch. Miguel Clavijo produziert Keramik nach derselben Methode wie einst die Ureinwohner Lanzarotes, den Ton versetzt er mit Vulkanasche, er modelliert Schalen

und Vasen ohne Töpferscheibe und nutzt zum Brennen einen Holzofen. Mario Franceschin fertigt dagegen filigranen, fantasievollen Schmuck aus Gold, Silber, Vulkanstein und alten Armbanduhrwerken. Itzi Álvarez malt Landschaften, Dörfer und Details von Lanzarote sowie auch andere, teils abstrakte oder abstrahierende Motive auf kleinen Tafeln bis hin zu riesigen Leinwänden. Die Produkte erhält man hier zu wirklich günstigen Preisen – perfekte Souvenirs für alle, die eine ganz besondere Urlaubserinnerung mitnehmen möchten.

■ Calle la Longuera/Ecke Calle Barranco de Tesnesia, die Werkstätten haben unterschiedliche Öffnungszeiten, die meisten sind Mo–Fr vormittags geöffnet

⑧ Casa-Museo César Manrique
| Museum |

⑯ *Berührende Einblicke in das Leben des Ausnahmekünstlers*

César Manrique, der für die Insel, ihr Bild und ihre Kultur so wichtige Künst-

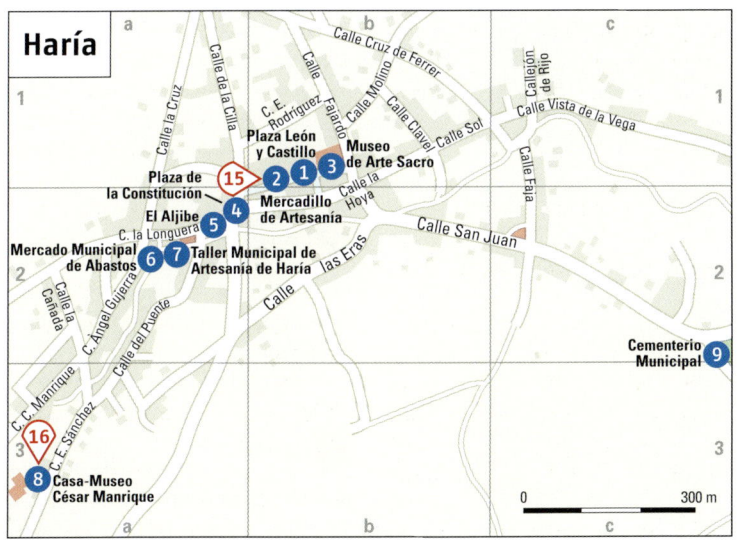

ler, lebte und arbeitete von 1988 bis zu seinem Unfalltod 1992 am Rande des Ortes Haría. Den von ihm selbst entworfenen Gebäudekomplex kann man heute besuchen, er ist nicht nur architektonisch interessant, sondern bietet auch tiefe Einblicke in den Alltag und die Persönlichkeit Manriques. Die Architektur des großen, eindrucksvollen Wohnhauses mischt traditionelle Elemente (z.B. Holzbalkone und -zimmerdecken) mit damals aktuellen Trends (einstöckige Bungalowbauweise, weite Panoramafenster). Das Haus ist mit den Originalmöbeln des Künst-

Im Blickpunkt

Kunsthandwerk mit Garantie

Das Kunsthandwerk genießt auf Lanzarote einen hohen Stellenwert, die Inselregierung fördert einheimische Produzenten finanziell, sie prüft ihre Arbeit, ihre Waren. Töpfer, Lederschneider, Gold- und Silberschmiede, Strickerinnen oder auch Parfümeure können ein Zertifikat beantragen. Nach erfolgreicher Prüfung erhalten ihre Produkte – wie auch ihre Stände auf den Märkten – eine entsprechende Markierung. Wer sichergehen möchte, dass er echt lanzarotische Waren erwirbt, achtet auf die Kennzeichnung »Marca de Garantía Artesanía de Lanzarote« mit dem offiziellen Insel-Logo (Sonne mit roten Strahlen) sowie dem Kunsthandwerker-Logo (eine stilisierte Hand). Die Website www.artesaniadelanzarote.com listet alle lizenzierten Handwerker.

lers ausgestattet, auch die gefüllten Kleiderschränke sind einsehbar, und in den Badezimmern erkennt man, welche Zahnpasta und Parfüms der Herr des Hauses benutzte.

In einem zweiten Gebäude befindet sich das Atelier – auch hier scheint alles so, als würde der Künstler jeden Moment zur Tür hereinkommen. Benutzte Farbtöpfe sind nur locker verschlossen, angefangene Gemälde stehen auf Leinwänden, ein Blaumann hängt über einer Stuhllehne.

■ Calle Elvira Sánchez 30, Tel. 928 84 31 38, www.fcmanrique.org, tgl. 10.30–18 Uhr, 10 €, Kinder 1 €, Kombikarte mit Fundación César Manrique (S. 35) 15 €

 Cementerio Municipal | Friedhof |

Unter einer großen Palme im hinteren Bereich des Friedhofs von Haría markiert nur eine kleine, verwitterte Steinplatte mit der kaum noch lesbaren Aufschrift »C. Manrique, 1919–1992« das schlichte Grab des Künstlers César Manrique. Ein einzelner Kaktus wächst seit der Bestattung weit in den Himmel, er wirkt phallisch, aufrecht, trotzig, mächtig und eigenwillig.

■ Am östlichen Ortsausgang von Haría, südlich der Landstraße LZ-10 nach Arrieta, tgl. 10–18 Uhr

 Parken

Es gibt kostenlose Schotterparkplätze an der **Calle Encarnación Rodríguez** sowie, ein wenig weiter vom Zentrum entfernt, an der **Calle Cruz de Ferrer**.

Restaurants

€ | **El Rincón de Quino** Kleine Bar-Cafetería mit großer Terrasse an Harías

Schlichtes Denkmal für den berühmtesten Sohn der Insel: das Grab César Manriques

wichtigstem Platz. Einfache Speisen, v. a. Tapas: Omelett, Thunfischsalat, Fleischklöße in Tomatensoße usw. Samstagmittags ist es wegen des Marktes sehr trubelig. ■ Plaza León y Castillo 1, tgl. 8–21 Uhr, Plan S. 83, a1

€€ | **Puerta Verde** Anspruchsvolle internationale Speisen in einem gemütlichen Raum mit Kunstausstellungen. Auch vegetarische und vegane Gerichte. Terrasse zur Straße, sehr netter Service. Trotz der gehobenen Küche sind auch Gäste willkommen, die nur einen Imbiss einnehmen wollen. ■ Calle Fajardo 24, Tel. 928 83 53 50, So–Fr 13–22, Sa 12–22 Uhr, Plan S. 83, b1

 Einkaufen

Cestería In einer kleinen Werkstatt fertigt Eulogio Concepción Perdomo Schalen, Körbe und andere Gefäße aus Palmwedeln – er übt sein Handwerk seit über 60 Jahren aus. Gern lässt der Korbflechter sich bei der Arbeit zuschauen und plaudert mit Gästen, die Spanisch sprechen. Die Korbwaren kann man hier auch kaufen. ■ Calle Elvira Sánchez 36, Mo–Sa unregelmäßig geöffnet (meist vor- und nachmittags), Plan S. 83, südwestl. a3

🚗 **In der Umgebung**

El Bosquecillo
| Picknickplatz |

Das einzige kleine Wäldchen (»bosquecillo«) auf Lanzarote besteht aus einigen kanarischen Kiefern und Akazien. Zusammen mit Grill- und Picknickplätzen, einem Spielplatz und einem Aussichtspunkt, der einen sehr schönen Panoramablick freigibt, bildet es ein bei Einheimischen beliebtes Ausflugsziel. El Bosquecillo liegt an einem teils asphaltierten, teils mit Schotter bedeckten Weg, der von der Landstraße LZ-10 in Richtung Küste abzweigt, und zwar etwa 500 m südlich des Restaurants Los Helechos. Der letzte Wegabschnitt ist nicht befahrbar, es sind dann noch ca. 10 Minuten zu Fuß.

23 Ermita de las Nieves

Wallfahrtskapelle und ein wunderbarer Aussichtspunkt in der Nachbarschaft

Die kleine weiße Kapelle erhebt sich an einem zwar meist stürmischen, landschaftlich jedoch traumhaften Ort. Vom großen Parkplatz führt ein kurzer Fußweg zur Kante des Steilhangs von Famara. Bei guter Sicht kann man von hier aus nicht nur über die nahe Küstenlinie, Strände und den Ort Famara schauen, sondern auch weit Richtung Süden und nördlich bis zum Chinijo-Archipel mit der Insel La Graciosa. Bis auf den Festtag der María de las Nieves ist die Kapelle geschlossen. Die Maria vom Schnee gilt in Spanien vielerorts als Regen bringende Heilige, auch hier soll sie einst dem Flehen eines Bauern, dessen Familie nach langen Dürrephasen große Not litt, nachgekommen sein und Regen gebracht haben.

■ Calle Gadifer de la Salle, abzweigend von der LZ-10 nördl. von Los Valles

Das Restaurant Mirador de los Valles bietet einen sensationellen Panoramablick

24 Los Valles

Unzählige Terrassenfelder prägen Lanzarotes fruchtbarste Landschaft

Der Weiler Los Valles ist an sich nicht unbedingt sehenswert – nur wer einmal ein typisches, sehr gepflegtes und sehr verschlafenes Dörflein kennenlernen möchte, sollte hier einen kleinen Spaziergang unternehmen. Interessant jedoch ist die Umgebung: Überall sind terrassierte Felder an den Hängen auszumachen, denn die Gegend ist für lanzarotische Verhältnisse ungewöhnlich feucht und fruchtbar. Sie liegt nahe dem höchsten Punkt der Insel, Peñas del Chache (670 m), der

militärisches Sperrgebiet ist und auf dem eine Radarstation steht.

Heute wird bei Weitem nicht mehr jedes Feld für die Landwirtschaft genutzt, doch es gibt immer noch einige Bauern, die Linsen, Kartoffeln oder Zwiebeln kultivieren.

◉ Sehenswert

Mirador de los Valles
| **Panoramarestaurant** |
Das Restaurant mit Panoramablick ist in einem historischen Gehöft untergebracht und hat schon bessere Tage gesehen, doch die Lage ist wirklich einzigartig. Die Restaurantterrassen, aber auch die Innenräume bieten wunderbare Ausblicke auf die Kulturlandschaft von Los Valles. Wenn das Lokal nicht gerade voll ist, sind auch Gäste willkommen, die nur für einen Kaffee vorbeischauen wollen.
■ Calle Celemí 21, Tel. 928 52 81 14, tgl. 12–20 Uhr

ADAC *Wussten Sie schon?*

Die Möglichkeit, relativ ertragreiche Landwirtschaft zu betreiben, obwohl es nur sehr wenig regnet, verdanken lanzarotische Bauern dem auf der Insel üppig vorhandenen **Lavagranulat**, das sie »picón« oder »rofe« nennen – der internationale Fachausdruck dafür lautet Lapilli. Mit bis zu 20 cm tiefen Picón-Schichten bedecken die Bauern die fruchtbare Erde ihrer Felder. Die leichte, poröse Vulkanasche dient der Bewässerung der Pflanzen. Sie speichert die nächtliche Luftfeuchtigkeit und gibt sie im Lauf des Tages allmählich wieder an die Pflanzen ab.

Im Blickpunkt

Wo kommt eigentlich das Wasser her?

Seit Jahrhunderten ist das Fehlen von Süßwasser das größte Problem der Menschen auf der Insel. Anders als auf den weiter westlich gelegenen Inseln fehlen auf Lanzarote (wie auch auf Fuerteventura) Berge, an denen die Passatwolken hängenbleiben und sich abregnen könnten. Im Jahr 2016 etwa betrug der gesamte Niederschlag nur 128 mm. Grundwasser kommt überhaupt nicht vor. Traditionell wurde das Regenwasser in öffentlichen und privaten Zisternen gesammelt, Trinkwasser filterte man durch Lavagefäße – noch heute sind diese Vorrichtungen in vielen Häusern erhalten. Der erste Wasserhahn wurde 1950 auf Lanzarote in Betrieb genommen.

Eine Art Revolution war somit 1965 die Inbetriebnahme der ersten Meerwasserentsalzungsanlage Europas am Hafen von Arrecife. Heute produzieren insgesamt drei Entsalzungsanlagen etwa 60 000 m³ Süßwasser täglich – ein Segen, ja, aber zugleich auch ein Fluch. Denn der Prozess ist äußerst energieintensiv, und die Anlagen werden größtenteils durch Ölkraftwerke betrieben. Doch die Inselverwaltung und die Betreiber der Einrichtungen bemühen sich inzwischen, immer mehr Windkraft einzusetzen. Zwei Windparks gibt es heute auf der Insel, einen großen bei Los Valles, einen kleineren in der Nachbarschaft von San Bartolomé. Zudem verfügen die Anlagen nördlich von Arrecife über zwei eigene Windräder. Ein weiteres ökologisches Problem der Wasserentsalzung ist die Übersalzung des Meeres. Denn das aus dem Meerwasser gefilterte Salz wird wiederum im Meer entsorgt.

Übernachten

Der Norden von Lanzarote ist am wenigsten touristisch geprägt. Zwar gibt es hier wichtige Sehenswürdigkeiten und schöne Strände, aber keine Touristenzentren mit Hotels. Die wenigen Unterkünfte richten sich an Individualisten, die Ruhe lieben, gern wandern oder Dörfer und Landschaften per Mietwagen entdecken. Ganz besonders gemächlich geht es auf der autofreien Nachbarinsel La Graciosa zu. Hier gibt es noch Doppelzimmer für unter 50 €.

La Graciosa 74

€ | Apartamentos La Graciosa Apartments am Ortsrand, 50 m², mit Schlaf- und Wohnzimmer, voll ausgestatteter Küche und Bad. ■ Calle Hélice 22, www.apartamentos-lagraciosa.com, Infos und Buchung: Apartamentos Herederos LM, SL, Calle Calima 85, 35540 Caleta del Sebo, Tel. 928 84 21 20

€ | Pensión Girasol Einfache, sehr preiswerte Pension am Strand von Caleta del Sebo auf Lanzarotes kleiner Nachbarinsel La Graciosa. ■ Calle Margarona 1, 35540 Caleta del Sebo, Tel. 928 84 21 18, www.graciosaonline.com

Haría 80

€€ | Villa Delmás Exklusive Gästezimmer in einem Haus aus dem 18. Jh. mit Garten, beheiztem Swimmingpool und Gourmetküche. ■ Calle el Palmeral 1, 35520 Haría, Tel. 672 44 69 81, www.villaslanzarotelujo.com

€€ | Villas Finca La Crucita Komfortable, stilvolle Villen in einer Ferienanlage mit Garten und Swimmingpool. Am Ortsrand gelegen. ■ Calle San Juan 63, 35520 Haría, Tel. 649 48 85 51, Buchung über Veranstalter wie TUI oder Agenturen wie www.booking.com oder www.villasdelanzarote.com

ADAC *Das besondere Hotel*

Nahe der Playa de la Garita bei Arrieta liegt die **Eco Finca** mit individuell ausgestatteten Ferienhäusern – und Jurten! Die Energie kommt über Wind- und Solaranlagen, und im schönen Garten leben freilaufende Hühner.
€€ | Eco Finca de Arrieta, 35542 Tabayesco, www.lanzaroteretreats.com/eco, Infos und Buchung: Lanzarote Retreats, Tila E Hijos SL, Avenida Islas Canarias 12, C.C. Las Maretas, Local 33, 35508 Costa Teguise, Tel. 928 82 67 20

Timanfaya und die Strände des Südens

Atemberaubende Vulkanlandschaften, malerische Weinberge, touristische Zentren, kleine Buchten und lange Strände

Der Nationalpark Timanfaya und seine Umgebung machen den weltweiten Ruhm von Lanzarote aus, die Landschaft entstand während gewaltiger Vulkanausbrüche erst im 18. Jh. Erdgeschichtlich ist sie also noch blutjung – nur sehr zaghaft wachsen Flechten auf den kilometerweiten wüstenartigen Lavafeldern. So lässt sich hier sehr gut studieren, wie neues Leben entsteht, auch die NASA nutzte die Landschaft schon für Experimente. Und jeder Besucher fühlt sich wie verzaubert angesichts der Vulkankegel und der erkalteten Lavaströme – es ist, als stülpe sich das Innerste der Erde nach außen.
Kontrastprogramm: In den Touristenzentren Puerto del Carmen und Playa Blanca dreht sich alles um Strandleben, Essen, Trinken und Vergnügen. Nicht wenige Gäste verlassen ihren Urlaubsort kein einziges Mal, und das ist gut, denn sonst wäre der Andrang in den Vulkanlandschaften wohl allzu groß.

In diesem Kapitel:

ADAC Top Tipps:

8 La Geria
| Landschaft |
Das Weinbaugebiet sieht aus wie ein immenses Land-Art-Projekt, denn die Reben sind von kleinen, runden Mauern umgeben. Die Ausblicke sind wunderbar, die Weine fein. 100

9 Montañas del Fuego
| Landschaft |
Die eindrucksvollste Landschaft der Insel entstand während sechsjähriger Vulkanausbrüche im 18. Jh. Ein majes-

tätischer, geheimnisvoller und auch ein bisschen gruseliger Ort. 104

 Playas de Papagayo
| Strände |

Am Fuße eines gebirgigen Natur-schutzgebietes liegen die kleinen, zauberhaften Badebuchten, die nur über abenteuerliche Pisten oder mit dem Boot zu erreichen sind. 117

ADAC Empfehlungen:

 Playa de los Pocillos, Puerto del Carmen
| Strand |

1,2 km lang, 150 m breit, mit feinkörni-gem, goldfarbenen Sand, flach abfal-lend und niemals überlaufen. 93

 A Casa José Saramago, Tías
| Wohnmuseum |

In diesem schönen, einfachen Haus am Rande von Tías lebte und starb der Literaturnobelpreisträger. 97

 Puerto Calero
| Jachthafen |

Die Marina säumt eine kleine, feine Siedlung mit edler Architektur, viel Kunst und toller Atmosphäre. 98

 Bodegas y Museo El Grifo, La Geria
| Weinkellerei |

Führungen, Museum, Weinproben: In Lanzarotes größter Bodega lernt man die Inselweine kennen, verste-hen und schätzen. 101

 Ruta Tremesana und Ruta del Litoral, P. N. de Timanfaya
| Wanderungen |

Auf geführten Touren in Kleingruppen erfährt man im Nationalpark viel Wis-

senswertes über die Landschaft, Geo-logie, Flora und Fauna. 107

 El Golfo
| Landschaft |

Eine grüne Lagune, von schwarzem Strand und Felsen umgeben, nebenan dann herrliche Fischrestaurants. 109

 Los Hervideros
| Landschaft |

Wild schlagen die Wellen gegen zer-klüftete Felsen, es tost und kracht und spritzt gewaltig. 110

 Marina Rubicón
| Jachthafen |

Elegant gestalteter Sportboothafen mit Brücken und Stegen zum Spazie-rengehen, Gastronomie und edlen Shops zum Genießen. 114

 Balcón de Femés, Femés
| Restaurant |

Traditionelle Küche, frisch und lecker. Und von der Terrasse ein grandioser Ausblick über den Südwesten. 118

25 Puerto del Carmen

Strände, Trubel, Urlaubsstimmung –
Lanzarotes erstes Touristenzentrum

 Information

■ Oficina Municipal de Turismo, Calle
Lanzarote 1, Tel. 928 51 33 51, www.puerto
delcarmen.com, tgl. 10–18 Uhr
■ Oficina Municipal de Turismo, Avenida
de las Playas (am östl. Ende der Playa
Grande), Tel. 928 51 05 42, www.puerto
delcarmen.com, tgl. 10–18 Uhr

Der älteste, größte und lebhafteste
Ferienort auf Lanzarote liegt direkt an
drei langen, feinsandigen und hellen
Stränden mit einer Gesamtlänge von
über 3 km. Für das leibliche Wohl sorgen deutsche, britische, irische und
spanische Lokale, die Kauflust stillen
Ladenzeilen sowie mehrere kleine und
ein großes Einkaufszentrum, nachts
tobt das Leben in Bars und Diskotheken. Puerto del Carmen ist dicht bebaut, aber es gibt keine Hochhäuser –
überhaupt präsentiert sich der Ort im
Vergleich zu den Mega-Touristenzent-
ren auf anderen kanarischen Inseln
recht ansehnlich. Die Keimzelle des
lang gestreckten Ortes liegt an dessen
westlichem Ende, wo sich ein seit Jahrhunderten wichtiger Hafen befindet.
Der Tourismus in Puerto del Carmen
begann im Jahr 1966 mit der Eröffnung
der ersten Unterkunft, dem Hotel Fa-
riones, das vor Kurzem abgerissen wurde und jetzt neu entsteht.

 Sehenswert

El Varadero
| Altstadt |
El Varadero ist der Name des alten Fi-
schereihafens (von dem heute auch
Ausflugsboote starten) sowie zugleich
der Altstadt von Puerto del Carmen.
Aus einem kleinen Dorf an dieser Stelle entwickelte sich das gesamte heutige Touristenzentrum. Hier, am westlichen Ende von Puerto del Carmen,

Wälle aus Lavasteinen bieten Windschutz an der Playa Grande in Puerto del Carmen

gibt es noch einige alte Wohnhäuser, in denen Einheimische leben, sowie kleine Geschäfte. Direkt am Hafen liegt eine schöne Restaurantzeile. Im Kirchlein Nuestra Señora de Lourdes (Calle Nuestra Señora del Carmen) finden internationale Gottesdienste und Messen statt, darunter auch ökumenische Gottesdienste in deutscher Sprache (www.kircheauflanzarote.de).

El Varadero wird manchmal noch Tiñosa genannt, dies war der ursprüngliche Name des Ortes, der im Jahr 1957 in Puerto del Carmen umbenannt wurde – zu Ehren der Heiligen der Fischer und Seefahrer.

Playa Grande
| Strand |

Ockerfarbener Sand auf einer Länge von über 1 km und etwa 100 m breit bildet den Hauptstrand von Puerto del Carmen. Hier gibt es alles, was das Herz des Badeurlaubers begehrt: Liegen, Sonnenschirme, Sporteinrichtungen, Duschen und WCs, Badeaufsicht. Eine schön bepflanzte Mauer schirmt den Strand optisch und akustisch von der Avenida de las Playas ab.

Playa de los Pocillos
| Strand |

 Diese Weite, die Ruhe, dieses Meer! Ideal für einen relaxten Badetag

Dieser Strand ist noch länger und noch breiter als die Playa Grande, auch hier ist der feinkörnige Sand von einer schönen goldenen Farbe, und es gibt Sicherheit in Form einer Badeaufsicht und Komfort in Form von Liegen, Sonnenschirmen, Duschen usw. Dennoch ist es hier, etwa 3 km östlich des Zentrums von Puerto del Carmen, weitaus ruhiger, und es finden sich deutlich weniger Badegäste ein.

 Verkehrsmittel

Busse der Linien 161 und 261 verkehren zwischen dem Flughafen und Puerto del Carmen. Fahrpreis: 1,40 €. Zwischen Arrecife und Puerto del Carmen fahren Busse der Linien 2, 3, 6 und 25. Fahrpreis: 1,70 €. Infos und Fahrpläne: https://arrecifebus.com. Eine **Taxifahrt** vom Flughafen nach Puerto del Carmen kostet etwa 20 €, von Arrecife nach Puerto del Carmen etwa 25 €.

 Parken

Auf dem großen, kostenfreien Parkplatz am **Hafen** sind fast immer ein paar Stellplätze frei. Auch im **Centro Comercial Biosfera Plaza** (S. 94) kann man kostenfrei parken. Schwieriger ist die Parkplatzsuche an den Straßen in Ufernähe oder direkt an den Stränden, dort herrscht oft großer Andrang. Wer im östlichen Teil des Ortes sein Auto abstellen möchte, fährt am besten in die von Apartments gesäumten Straßen abseits der Küste.

 Restaurants

€ | **La Lonja** In der alten Fischmarkthalle kann man heute noch frischen Fisch und Meeresfrüchte kaufen sowie im kleinen, rustikalen Restaurantbereich gute, einfache Gerichte genießen. ■ Calle Varadero, Tel. 928 51 13 77, tgl. von frühmorgens bis spätabends

€€ | **Kristian's** Christopher und Eimear, ein irisches Paar, servieren seit 2013 köstliche, fantasievolle Speisen – international, mit lokalen und saisonalen Schwerpunkten (Degustationsmenü: 7 Gänge 45 €, 9 Gänge 65 €). ■ Calle Teide 8, Local E, Tel. 657 65 92 17, www.kristians-restaurant.com, Mo–Mi, Fr–So abends

€€ | Taberna de Nino Gemütliches Restaurant mit großer Terrasse, die Ausblick auf das Meer und den Hafen bietet. Spezialität sind feine Tapas, also kleine Speisen, aus allen Teilen Spaniens. Es gibt aber auch große Fisch- und Fleischportionen nach kanarischer, spanischer und internationaler Art, ebenso vegane Speisen. ■ Calle Nuestra Señora del Carmen 6, Tel. 928 51 06 58, tgl. von mittags bis abends

 Einkaufen

Centro Comercial Biosfera Plaza Zara, Bershka, Desigual, Encuentro und viele andere beliebte spanische Bekleidungsmarken sind im größten Einkaufszentrum des Ortes vertreten, in hellem, freundlichem Ambiente mit weiten Außenterrassen. Plus: Läden für Sonnenbrillen, Haushaltsaccessoires, Schmuck, Kunsthandwerk und mehr. ■ Avenida Juan Carlos I 15, Tel. 928 51 53 68, www.biosferaplaza.es, tgl. 10–22 Uhr

 Kneipen, Bars und Clubs

Centro Comercial Atlántico »Einkaufszentrum« steht im Namen, v.a. aber ist dies DIE Ausgehadresse für Urlauber in Puerto del Carmen, die sich in diversen Bars und Diskotheken amüsieren wollen. Bars sind meist schon am frühen Abend geöffnet, voll wird es ab 22 Uhr, in den Discos steigt die Party deutlich später. ■ Avenida de las Playas, Nordseite, am östl. Ende der Playa Grande

 Kinos

Star Light Open Air Cinema Openair-Kino mit gemütlichen Sesseln auf dem Dach des Einkaufszentrums Biosfera Plaza. Gezeigt werden aktuelle Filme und Klassiker, darunter viele Musicals wie »Grease« oder »Mamma Mia« in englischer Sprache. ■ Im Centro Comercial Biosfera Plaza, Avenida Juan Carlos I 15, Tel. 928 51 16 90, www.cinemalanzarote.com, 15 €, Kinder 12 €

 Casinos

Gran Casino de Lanzarote Spielcasino mit Spielsaal (Black Jack, Poker, Roulette) und Automatenhalle. Terrassenrestaurant direkt am Meer. ■ Avenida de las Playas 12, Tel. 928 51 50 00, Automatenhalle tgl. 10–4, Spielsaal tgl. 19–4 Uhr, Einlass ab 18 Jahren

 Kinder

Gran Karting Club Lanzarote 2,3 km lange Gokart-Bahn, Fahrzeuge für Kinder ab 5 Jahren, Jugendliche und Erwachsene. ■ LZ-2, km 7 (auf halber Strecke zwischen Tías und Playa Honda), Tel. 928 52 49 56, www.grankartingclublanzarote.com, tgl. 10–21 Uhr, kostenloser Transfer bei Reservierung

Rancho Texas Der Zoo ist wie ein Themenpark im »Wild-West-Stil« gestaltet. In schön angelegten Gehegen leben Bisons und Tiger, Ziegen und Hirsche, Seelöwen, Pythonschlangen, Krokodile und viele, viele Tiere mehr. Allerdings fällt auf, dass in einigen Gehegen je nur ein Exemplar seiner Art zu sehen ist – Tierschützern dürfte das nicht gut gefallen. Ähnliches gilt für die vielen Tiershows, die Hauptattraktionen von Rancho Texas: Papageien- und Raubvogelshows, Delfin- und Seelöwendressur. Sie sind eindrucksvoll anzusehen, aber nicht unumstritten. Tolles Extra: eine große Badelandschaft mit mehreren Swimmingpools, Spielgeräten und Sonnenliegen. ■ Calle Alcalde

Das Einkaufszentrum Biosfera Plaza mit Geschäften, Gastronomie und Open-Air-Kino

Cabrera Torres, Tel. 928 51 68 97, www. ranchotexaslanzarote.com, tgl. 9.30–17.30 Uhr, 30 €, Kinder 22 €, kostenlose Busse ab/bis Puerto del Carmen, Costa Teguise und Playa Blanca

Strände Die Meerzugänge von Puerto del Carmen sind sehr gut für Kinder jeden Alters geeignet – keine Selbstverständlichkeit auf Lanzarote, wo Wind, Wellen und Strömungen das Baden manchmal anspruchsvoll oder sogar gefährlich machen. Doch an der Playa Grande und an der Playa de los Pocillos herrscht meist wenig Wind, die Strände fallen flach ab, und es gibt eine gute Infrastruktur mit Badeaufsicht, Toiletten, Gastronomie usw. Vor allem bei einheimischen Familien mit Kindern ist auch die Playa Chica sehr beliebt. An der relativ kleinen, von Lavafelsen umgebenen Bucht bläst selten Wind und sie ist ein tolles, fischreiches Revier zum Schnorcheln.

 Sport

Lanzarote Golf Der relativ neue 18-Loch-Golfplatz ist noch nicht so schön eingewachsen wie der von Costa Teguise, verfügt aber über sehr gepflegte Grüns, Meerblick und ist attraktiv für Anfänger wie Fortgeschrittene. ■ LZ-40, Carretera Puerto del Carmen–Tías (an der Abzweigung der LZ-505 nach Tías), Tel. 928 51 40 50, www.lanzarote golfresort.com

Tauchplätze Playa Chica An der kleinen Playa Chica, westlich von Playa Grande, liegen Einstiege zu sehr schönen Tauchgängen. Es herrscht weitaus weniger Wellengang als an den nördlicheren Tauchplätzen, sodass hier auch Anfänger gut aufgehoben sind. In Puerto del Carmen gibt es viele Tauchbasen, deutschsprachig und auf Sicherheit bedacht sind u.a. Aquanautic Club (Tel. 928 51 14 02, www.tau

Im Blickpunkt

Restaurante, Tasca, Bar, Cafetería – die kanarische Gastronomie

Restaurants servieren traditionell das Mittagessen zwischen 14 und 16 Uhr, das Abendessen von 21 bis 23 Uhr. In Ausflugslokalen und an Wochenenden haben die Küchen oft durchgehend von mittags bis etwa 20 Uhr geöffnet. In Touristenzentren passen sich inzwischen viele Gastronomen den Gewohnheiten der Gäste an und öffnen früher oder durchgehend von vormittags bis nachts. Zu beiden Hauptmahlzeiten bestellt man üblicherweise mindestens zwei Gänge (Vorspeise und Hauptgericht). Meist gibt es vorweg Brot, Mojo-Soße (kanarische Kräuter- oder Paprikasoße mit Öl, vergleichbar dem italienischen Pesto) und/oder andere Kleinigkeiten. Mal muss man sie bezahlen, mal sind sie ein Geschenk, aber in Relation zum Genuss ist der Preis stets gering. Fischrestaurants heißen »pescaderías«, daneben gibt es noch viele verschiedene Arten von Speiselokalen: Als »tascas« bezeichnet man Kneipen, die einfache Gerichte anbieten – oder Restaurants mit bodenständiger, traditioneller Küche. Viele Bars oder »cervecerías« (Bierlokale) bieten Tellergerichte oder »tapas« an, also kleine Imbisse wie »tortilla« (Kartoffelomelett), »gambas al ajillo« (Garnelen in Knoblauchsoße) oder »pimientos al padrón« (kleine Paprikaschoten, gebraten und mit grobem Meersalz bestreut).

Pizzerias und »hamburgeserías« (Burgerlokale) sind auf Lanzarote so beliebt wie in weiten Teilen Europas und nicht, wie manche Urlauber vermuten, reine »Touri-Lokale«. Wer gute, bodenständige Gerichte bevorzugt und typisch spanisch oder kanarisch essen möchte, kommt in Arrecife und in kleineren Orten deutlich preiswerter weg als in den Touristenzentren.

chen-lanzarote.de) und Bahianus Club, (Tel. 928 94 40 30, www.lanzarote-tau chen.info).

26 Tías

Ursprüngliches Städtchen und ehemaliger Wohnort eines Nobelpreisträgers

Dieser Ort oberhalb von Puerto del Carmen ist touristisch kaum von Bedeutung, er ist v.a. Heimat für Menschen, die Ruhe suchen jenseits ihrer Arbeit im Tourismus. Ein kurzer Besuch lohnt sich aber für alle, die einen Eindruck von der nichttouristischen Seite des Insellebens erhalten möchten. Man kann hier z.B. schön unter Einheimischen zu Mittag essen und in kleinen Geschäften, die nicht zu internationalen Ketten gehören, einkaufen.

Eine kleine einstige Kapelle an der Hauptstraße wird heute öfters auch für Kunstausstellungen genutzt, allerdings zu wechselnden Öffnungszeiten (Sala de Arte La Ermita).

Hier entstand geniale Literatur: der Schreibtisch von José Saramago

 Sehenswert

A Casa José Saramago
| Museum |

 Zu Besuch beim Nobelpreisträger für Literatur des Jahres 1998

An einem Hang mit weitem Blick über die Küste und das Meer wohnte der portugiesische Schriftsteller José Saramago von 1993 bis zu seinem Tod im Jahr 2011, 1998 wurde ihm der Literaturnobelpreis verliehen. Einige Zimmer können heute im Rahmen von Führungen besichtigt werden. Dabei erfährt man eine Menge Interessantes und Anrührendes über den Schriftsteller, sein Schaffen, sein Leben und die Liebe zu seiner zweiten Ehefrau

Pilar del Río, mit der er hier wohnte. Die Führungen sind mehrsprachig, immer bekommt man auch einen Audioguide mit deutscher Version.

Der Besuch beginnt in einem großen Nebenhaus, in dem Teile der 15 000 Bücher umfassenden Bibliothek Saramagos und ein schöner Laden mit Erinnerungen an den Schriftsteller untergebracht sind. Natürlich gibt es hier auch ins Deutsche übersetzte Bücher. Weiter geht es auf der gegenüberliegenden Straßenseite, wo Saramago und seine Frau sich ein erstaunlich bescheidenes Haus mit Familienangehörigen teilten. Zu sehen sind u.a. das Arbeitszimmer (mit einer Kugelschreibersammlung und vielen gerahmten Familienfotos), das Wohnzimmer und die Küche, in der die Führungsteilnehmer zu einem Kaffee eingeladen werden. Einblick erhält man auch in das Schlafzimmer, in dem Saramago starb.

■ Calle Los Topes 2, Tel. 928 83 30 53, www.acasajosesaramago.com, Mo–Sa 10–14.30, letzte Führung 13.30 Uhr, 8 €, Kinder frei

Restaurants

€ | Taberna Iguadén In dem gemütlichen Kneipenrestaurant treffen sich überwiegend Bewohner von Tías, Touristen sind in der Minderzahl, aber nicht weniger gern gesehen. Mittagsmenü (Menú del día) für 9 €, Di–Do 13–16 Uhr: Vor- und Hauptspeise, Getränk und Dessert oder Kaffee. Daneben gibt es gute, einfache Tapas und Tellergerichte, v.a. Hausmannskost. ■ Avenida Central 63, Tel. 928 83 30 93, Di–Sa 12.30–23, So 13–18 Uhr

€€ | Chic! Traditionell kanarisch und zugleich ein bisschen stylish-kreativ präsentieren sich sowohl das Ambiente als auch die Küche in dem jungen Restaurant mit verschiedenen kleinen und größeren Räumen und Terrasse. An Wochenenden legt abends ein DJ auf. ■ LZ-2, Carretera Tías–Yaiza 67, Mácher (etwa 3 km westl. von Tías), Tel. 618 06 81 88, http://restaurantechic.business. site, Di–So mittags und abends

27 Puerto Calero

 Stilvolle Marina mit schöner Gastro- und Shoppingzone

Anfang der 1990er-Jahre eröffnete Lanzarotes erster Sporthafen mit einer heute noch hochmodernen Infrastruktur für mehrere hundert Jachten und einer bis ins Detail exklusiv gestalteten Urlaubssiedlung. Eindrucksvolle Skulp-

turen und Kunstinstallationen zieren die Boulevards und Plätze, an einer Ladenpassage reihen sich Designerboutiquen aneinander. Café- und Restaurantterrassen bieten Ausblicke auf sportliche Boote und edle Jachten, die Speisen reichen von japanisch über chinesisch und italienisch bis zu spanisch und kanarisch. Zahlreiche Palmen und andere Pflanzen sorgen für Farbe und Schatten. An Unterkünften gibt es nur zwei Hotels sowie Eigentums-Luxusvillen.

Es herrscht ein ruhiges, elegantes, aber keineswegs snobistisches Flair – Puerto Calero ist ein sehr schönes Beispiel für die gelungene Planung und Umsetzung neuer Tourismussiedlungen. Besonders an Markttagen lohnt sich ein Spaziergang.

Parken

Das Zentrum der Siedlung ist autofrei. Parken kann man direkt am Eingang zum Zentrum, entweder an der Straße oder an ausgeschilderten Parkplätzen.

Restaurants

€€ | El Tomate Restaurant-Kneipe: viele verschiedene Tapas, Suppen, Fleisch- und Fischgerichte – recht einfache, gute Speisen und ein schöner Ausblick von der Terrasse. ■ Paseo Marítimo, Tel. 928 51 22 10, tgl. 12–24 Uhr

€€€ | Amura Feine, kreative, internationale Küche mit Akzent auf lokalen und saisonalen Zutaten – plus traditionelle Gerichte wie Paella. Das große Restaurant ist edel gestaltet und hat mehrere Terrassen. ■ Am westlichen Ende der Hafenpromenade, Tel. 928 51 31 81, www. restauranteamura.com, Di–So mittags und abends

Puerto Calero – ein Sportboothafen sowie eine Feriensiedlung mit exklusivem Flair

🛍 Einkaufen

Mercadillo Kunsthandwerk, Kleider und Trödel – wenig Ramsch und viel Schönes wird an der Hafenpromenade feilgeboten. ■ Di, Fr 10–15 Uhr

✴ Erlebnisse

Catlanza Der Veranstalter organisiert Segelausflüge mit einem großen Katamaran von Puerto Calero zu den fantastischen Papagayo-Stränden (S. 117). In den Preisen der vierstündigen Trips sind Wasserskifahrten, Leihequipment zum Schnorcheln, eine Mahlzeit und Getränke enthalten. Mit etwas Glück sieht man unterwegs auch Delfine. ■ Marina Puerto Calero, Tel. 928 51 30 22, www.catlanza.com, ab 59 € (Senioren ab 54 €), Kinder 39 €, kostenfreier Transfer ab/nach Costa Teguise, Puerto del Carmen und Playa Blanca

Submarine Safaris Das Ausflugs-U-Boot mit großen Aussichtsfenstern taucht bis zu 30 m tief und vermittelt einen Eindruck von der faszinierenden Unterwasserwelt der Kanaren. Die Tour dauert eine knappe Stunde. ■ Marina Puerto Calero, Modulo C, Local 2, Tel. 928 51 28 98, www.submarinesafaris. com, 55 €, Kinder 34 €, 15 % Ermäßigung bei Online-Buchung, kostenloser Transfer von/nach Costa Teguise, Puerto del Carmen und Playa Blanca

28 Playa Quemada

Strände, gutes Essen und Beschaulichkeit prägen den kleinen Weiler

Durch unwirtliches und geheimnisvolles Lavaland führt eine Straße von der LZ-2 hinab zur Südküste. Playa Quemada besteht aus wenigen Häuschen, in denen in früherer Zeit Fischer wohnten und die heute teilweise als private Ferienunterkünfte vermietet werden. Eine Handvoll rustikale Restaurants bieten frischen Fisch und sind bei Einheimischen wie Touristen beliebt. Von den Terrassen reicht der Blick hinaus aufs Meer – mit großen Käfigen zur Fischzucht – und auf die dunkle, mächtige Steilküste. Direkt am Ort liegt ein kleiner dunkler Strand, etwas weiter westlich breitet sich ein größerer aus. An beiden Stränden kann man gut im Meer baden. Weitere und z.T. recht anstrengende Fußwege führen zu schönen einsamen Buchten unterhalb der Steilküste.

🍴 Restaurants

€€ | **Casa Tino** Fisch und Meeresfrüchte auf einer Terrasse direkt am Meeressaum. Nicht ganz preiswert, aber man kann auch nur eine Kleinigkeit essen und den Ausblick genießen. ■ Avenida Marítima 19, Tel. 928 17 37 07, tgl. von mittags bis abends geöffnet

€€ | **Salmarina** Beliebtes Restaurant mit einem gemütlichen Innenraum und schöner Terrasse über dem Meer. Neben frischem Fisch und Meeresfrüchten serviert man auch andere traditionelle Gerichte, etwa Paella oder Kaninchen. ■ Avenida Marítima 13, Tel. 928 17 35 62, www.salmarinarestaurante.com, tgl. von mittags bis abends geöffnet

29 La Geria

 Landschaftsentdeckungen, gute Weine und historische Bodegas

Das Hauptweinbaugebiet der Insel sieht aus, als hätten Landschaftskünstler eine viele Quadratkilometer große Installation geschaffen: Je einen bis zwei Rebstöcke umschließt eine niedrige, meist halbmondförmige Mauer aus Lavasteinen, der Boden ist mit schwarzem Lavagranulat bedeckt. Die Pflanzen wachsen nicht in die Höhe, sondern breiten sich auf dem Boden aus. Wie grafisch gestaltet wirkt diese

In La Geria wachsen die Reben am Boden, geschützt durch kleine Lavamauern

Landschaft – und das, soweit das Auge reicht: ein weltweit einzigartiges Bild. Doch selbstverständlich dient die ungewöhnliche Art des Weinbaus nicht in erster Linie der Erbauung von Touristen, sondern sie hat praktische Gründe: Die kleinen Mauern schützen die Reben vor Wind und vor fliegender Vulkanasche, und 1,5 bis 3 m tiefe Schichten aus Lavagranulat sorgen für die Bewässerung – die porösen Steinchen speichern Luftfeuchtigkeit und geben sie allmählich an den Boden ab. Die Landstraße LZ-30 führt vom Monumento al Campesino bis nach Uga einmal quer durch diese Kulturlandschaft, gesäumt von zahlreichen Bodegas (Weinkellereien). Fast alle Bodegas empfangen Gäste zu Degustationen und bieten Direktverkauf.

 Sehenswert

Bodegas y Museo El Grifo
| Weinkellerei |

 Hier lernt man Lanzarotes Wein kennen, verstehen und schätzen

Die größte Bodega Lanzarotes produziert jährlich 500 000 bis 600 000 Flaschen, dafür stehen u.a. zwei 100 000-Liter-Tanks zur Verfügung. Nur 20 % der Trauben kommen von eigenen Feldern. Gegründet wurde der Betrieb schon 1770 – als erste Weinkellerei auf Lanzarote. Zuvor war hier Getreide angebaut worden, doch nach den Vulkanausbrüchen von 1730 bis 1736 war der Boden nicht mehr für den bis dahin üblichen Ackerbau geeignet.

Informationen wie diese erhalten Besucher auf Führungen, bei denen Weinberge und Produktionsstätten zu sehen sind – und anschließend das zur Kellerei gehörige Museum. Es befindet sich in historischen Gemäuern, César

Im Blickpunkt

Ein ganz besonderer Wein

Der Weinbau auf Lanzarote ist nicht nur optisch etwas Besonderes, sondern auch handwerklich sehr aufwendig. Rund 1500 kg Trauben pro Hektar ernten die Weinbauern von La Geria – in Festlandspanien sind 6000 bis 8000 kg normal. Und während auf der Iberischen Halbinsel die maschinelle Weinlese zum Alltag gehört, wird auf Lanzarote noch Traube für Traube per Hand geerntet. Kein Wunder also, dass die Lanzarote-Weine nicht ganz billig sind: Ab etwa 7 € kostet eine Flasche. Überwiegend produzieren die lanzarotischen Bodegas Weißwein, und zwar von der Rebsorte Malvasía Volcánica, die es ausschließlich hier gibt. Die meisten Weine werden jung getrunken, sie schmecken frisch und fruchtig – ein Genuss zu Fisch und Meeresfrüchten. Und zum sonnigen, warmen Wetter passt das Aroma auch sehr gut. La Geria ist das Hauptweinbaugebiet Lanzarotes, doch auch in allen anderen Teilen der Insel werden Reben kultiviert, rund 1800 Weinbauern sind registriert. Die meisten erzeugen nur sehr kleine Mengen eigenen Weines oder liefern ihre Trauben gleich in einer der 16 großen Kellereien ab, deren Produkte das Siegel »Denominación de Origen Lanzarote« (Herkunftsbezeichnung Lanzarote, oft abgekürzt D.O. Lanzarote) tragen dürfen und somit hohen Anforderungen genügen.

Wie aus einer anderen Welt: die Landschaft im streng geschützten Nationalpark

Manrique hat es konzipiert. Stimmungsvoll und charmant werden hier Gegenstände aus der Geschichte des Weinbaus präsentiert. Man kann das Museum auch individuell besichtigen, doch da es nicht viele Erklärungstafeln gibt, empfiehlt sich der Besuch im Rahmen einer Führung.

■ LZ-30, km 11, Tel. 928 52 49 51, www. elgrifo.com, tgl. 10.30–18 Uhr, Eintritt Museum inkl. Weinprobe (1 Wein) 5 €; geführte Tour Weinberge und Museum

ADAC *Mobil*

Ein Umweg, der sich lohnt: Wer von Arrecife oder Puerto del Carmen in den Westen oder Südwesten der Insel fährt, sollte mindestens einmal die **Landstraße LZ-30** durch das Weinbaugebiet La Geria wählen. Die Panoramen, die sich unterwegs eröffnen, sind spektakulär.

plus Weinprobe (2 Weine, 40 Min.), 9 €, Kinder 2,50 € (mit Saft); geführte Tour Weinkeller, Weinberge und Museum plus Weinprobe (2 Weine, 90 Min.), 13 €, Kinder 2,50 € (mit Saft); es gibt mehrmals täglich diverse Führungen, auch auf Deutsch, Anmeldung obligatorisch, telefonisch oder per E-Mail: alquitara@elgrifo.com

Bodega La Geria
| Weinkellerei |

Dies ist die populärste Bodega auf Lanzarote. Nicht nur, weil man ihre Weine in fast jedem lanzarotischen Supermarkt kaufen kann, sondern auch, weil viele Busse auf Inselrundfahrt hier Halt machen: 300 000 Besucher kommen jährlich. Trotzdem lohnen sich individuelle Besuche in dem majestätisch wirkenden Weinpalast, denn es gibt sehr nette, informative Führungen (inkl. Weinkeller), und auch bei Weinprobe und -kauf wird man angenehm beraten. Aber Achtung: gut möglich, dass der Wein im Supermarkt preiswerter ist als direkt in der Bodega.

■ Carretera La Geria, km 19, Tel. 928 17 31 78, geöffnet tgl. 9.30–19.30 Uhr, tgl. Führungen (in verschiedenen Sprachen), ca. 40 Min., 9 € inkl. Weinprobe (2 Weine), Kinder kostenfrei, Anmeldung obligatorisch, telefonisch oder per E-Mail: bodega lageria@lageria.com, www.lageria.com

Bodegas Rubicón

| Weinkellerei |

Herzstück dieser Bodega ist eine historische Finca, deren Mauern und teilweise auch hölzernen Zimmerdecken bis in das 17. Jh. zurückgehen. Seit dem Jahr 1808 wird hier Wein produziert, seit 1979 gehört der Hof einem Winzer, der sich auf die Produktion besonders hochwertiger Tropfen konzentriert. Die dazugehörigen Ländereien umfassen heute ca. 21 ha. Gäste dürfen verschiedene historische Räume der stimmungsvollen Gebäude besichtigen. Zudem gibt es Verkaufsausstellungen mit kanarischem Kunsthandwerk und ein gutes Restaurant sowie natürlich die Möglichkeit, Weine zu verkosten und zu kaufen.

■ LZ-30, Carretera Teguise–Yaiza 2, Tel. 928 17 37 08, www.bodegasrubicon.com, tgl. 10–20 Uhr, Führungen nach Anmeldung, 13,90 € inkl. Weinprobe

 Wandern

Nur eine gute Stunde dauert die Umrundung der **Caldera Colorada**, das heißt »Bunter Krater«. Doch eigentlich ist das, was man hier sieht, nicht bunt – sondern äußerst abwechslungsreich und eindrucksvoll: Viele verschiedene Lava-Landschaften sind zu sehen, dazu Vulkanbomben, und der Blick reicht

sogar bis nach Teguise. Start- und Endpunkt der Wanderung ist ein Parkplatz an der Landstraße LZ-56, etwa 2,5 km nördlich der LZ-30.

30 Parque Nacional de Timanfaya

Nationalpark mit Lavaströmen und Vulkankegeln wie aus dem Bilderbuch

In den Jahren 1730 bis 1736 kam es immer wieder zu gewaltigen Vulkanausbrüchen. Lavaströme durchflossen weite Teile des Nordwestens der Insel, wochenlanger Ascheregen ging nieder, und Vulkankegel erhoben sich aus dem Boden, es dampfte, es brodelte, es blitzte, und Salzwassergeysire schossen bis zu 30 m in die Höhe. Es war weltweit eine der mächtigsten Serien an Vulkanausbrüchen der Neuzeit.

Zurück blieb ein 195 km² großes, von grober und feiner, glatter und gezackter Lava überzogenes Gebiet. Hier und dort stehen dunkle, stolze Vulkankegel, meist kreisrund und mit einem Krater, der sich zu einer Seite öffnet: dort, wo die Lava hinausgeflossen ist. Ein weiterer Vulkanausbruch, der letzte auf Lanzarote, ereignete sich 1824. Bis auf einige Flechten haben sich in dem gesamten Gebiet bis heute kaum

Gefällt Ihnen das?

Sie mögen die weiten, kargen, wie Mondlandschaften wirkenden Lavafelder? Dann sollten sie auch mal in Lanzarotes **Nordosten** (ab S. 66) fahren. Das Lavaland dort ist zwar einige tausend Jahre älter als im Nationalpark Timanfaya und deshalb nicht mehr unbewachsen, aber immer noch sehr magisch.

Pflanzen angesiedelt, es ist eine geheimnisvolle, furchterregende und zugleich faszinierend schöne Landschaft, bei deren Anblick man das Gefühl hat, dem Inneren der Erde nahezukommen. 51 km² der Fläche sind als Nationalpark streng geschützt, benannt wurde der Park nach dem Dorf Timanfaya, das spurlos unter den Lavaströmen verschwand.

Mit Ausnahme eines recht anspruchsvollen Küstenwanderwegs und eines kurzen Abschnitts der Straße LZ-67 darf der Park von Einzelbesuchern weder betreten noch befahren werden. Wer mehr vom Nationalpark entdecken und erleben möchte, muss eine Bustour auf der Ruta de los Volcanes (siehe Montañas del Fuego, rechts) unternehmen oder sich einer geführten Wanderung anschließen.

ADAC *Wussten Sie schon?*

Lanzarote ist ein sehr beliebtes **Kreuzfahrtziel.** An manchen Tagen machen zwei, drei oder sogar mehr Urlaubsschiffe gleichzeitig am Hafen von Arrecife fest, es kann also passieren, dass zehntausend oder mehr Passagiere zugleich auf die Insel strömen. Ein Besuch der Top-Sehenswürdigkeiten ist dann kein Genuss. Vor dem Ausflug zur Cueva de los Verdes (S. 68), nach Jameos del Agua (S. 71) oder zum Nationalpark Timanfaya (S. 103) sollte man deshalb einen Kreuzfahrtkalender konsultieren, z. B. unter www.cruisemapper.com. Falls mehrere große Schiffe erwartet werden, wählt man am besten einen anderen Tag für den Ausflug oder startet erst am Nachmittag.

 Sehenswert

Montañas del Fuego
| Landschaft |

9 *Spektakuläre Vulkane, heiße Erde und weite Lavawüsten*

Nachdem man die Schranke an der Einfahrt zum Nationalpark passiert hat, geht es auf einer schmalen Straße durch Lava-Landschaft hinauf zum Parkplatz am Islote de Hilario. Islote ist die Bezeichnung alter Vulkankegel, die in jüngerer Zeit von Lava umströmt wurden und aus einem Lavameer herausragen. Am Parkplatz stehen Busse bereit, die die Ruta de los Volcanes

(Vulkanroute) befahren – entlang einer Kette besonders mächtiger Vulkankegel, der Montañas del Fuego. Etwa 45 Minuten dauert die spektakuläre Tour auf schmalen, stark gewundenen Straßen – nicht selten hängen Teile des Busses über dem Abgrund. Der Künstler César Manrique konzipierte die Route, dabei legte er Wert auf einen Streckenverlauf, der sich möglichst harmonisch in die Landschaft einfügt. Begleitet von mehrsprachigen Erklärungen und dramatischer Musik (u.a. Richard Strauss' »Also sprach Zarathustra«) entdeckt man berauschende Lava-Formationen und Farben, mal gezackt, mal fließend – alles sieht aus, als sei es beweglich. Bizarr geformte Felsen erinnern an menschliche Figuren und fremde Lebewesen. Und es beschleicht einen das Gefühl, jeden Moment breche wieder der Boden auf.

Im Anschluss an die Tour besteht die Möglichkeit, an geologischen Vorführungen teilzunehmen. Die Fahrt auf der Ruta de los Volcanes und die Vorführungen sind im Parkeintritt enthalten. Der Nationalpark ist rund ums Jahr sehr gut besucht, oft bilden sich Warteschlangen an der Einfahrt. Wer den

Unberührtes Terrain im Nationalpark: Wanderer dürfen auf eigene Faust nicht hierher

Hoch zu Kamel das Lavaland entdecken – los geht's am Echadero de Camellos

Park individuell besucht und nicht im Rahmen einer organisierten Sightseeingtour, sollte, wenn irgend möglich, am späten Nachmittag kommen. Dann herrscht der geringste Andrang.

■ Anfahrt über die LZ-67, Tel. 901 20 03 00, www.cactlanzarote.com, Juli–Sept. tgl. 9–18.45, Okt.–Juni tgl. 9–17.45, Start der letzten Bustour um 17 bzw. 18 Uhr, empfohlene Besuchszeit: ab 15 Uhr, 10 €, Kinder 5 €, 20 % Rabatt ab 15 Uhr

Landstraße LZ-67
| Panoramastraße |

Die Straße durchquert das gesamte Gebiet der zwischen 1730 und 1736 entstandenen Lavawüsten und Vulkankegel, darunter auch einen kleinen Teil des Nationalparks. Von ihr gehen unterschiedlich lange und anspruchsvolle Wander- und Spazierwege ab (eine Karte erhält man im Besucherzentrum), auch gibt es in regelmäßigen Abständen Parkplätze oder -buchten, sodass man aussteigt, die Landschaft ge-

nießen und fotografieren kann. Wer nur kurz auf Lanzarote bleibt und keine Zeit für einen Besuch der Montañas del Fuego hat, sollte zumindest diese Straße einmal befahren.

Centro de Visitantes Mancha Blanca
| Besucherzentrum |

Unterhaltsam und lehrreich ist der Besuch in dem großen Info- und Erlebniszentrum für Kinder und Erwachsene. Fotos, Bilder, Tafeln, Animationen, Filme und viele Exponate – auch zum Anfassen – informieren über Vulkanismus im Allgemeinen und die lanzarotische Geologie im Besonderen. Weitere Themen sind die Pflanzen- und Tierwelt des Nationalparks. Draußen führt ein Steg weit auf ein Lavafeld hinaus, zwei Plattformen eröffnen Panoramablicke über die einzigartige Landschaft. In dem Zentrum gibt es auch Karten des Nationalparks und seiner Umgebung mit eingezeichneten Wanderwegen. Die Mitarbeiter beraten Besucher gern und gut bezüglich Ausflügen und Unternehmungen.

■ Landstraße LZ-67, Carretera Tinajo–Yaiza, km 11,5 (südwestl. von Mancha Blanca), Tel. 928 11 80 42, tgl. 9–16.30 Uhr, Eintritt frei

Echadero de Camellos

| Kamelreiten |

Den Nationalpark hoch zu Kamel erleben: ein schönes und lustiges Erlebnis – und ein authentisches. Denn Kamele waren auf Lanzarote ab dem 15. Jh. überaus wichtige Last- und Reittiere. Eine Runde dauert etwa 20 Minuten, jedes Kamel kann zwei Reiter tragen. Der Echadero de Camellos (Kamel-Ruheplatz), an dem die Touren starten, ist nicht zu übersehen, tagsüber stehen hier stets viele Tiere mit ihren Führern. Daneben liegt ein kleines, sehenswertes Ausstellungszentrum zur Geschichte der Kamele auf Lanzarote.

■ Landstraße LZ-67, südl. der Einfahrt zum Nationalpark, tgl. 9–16 Uhr, 12 € pro Kamel, 20 Min.

ADAC *Wussten Sie schon?*

Kamele sind die traditionellen Transport- und Reittiere auf Lanzarote, schon die ersten spanischen Siedler ließen Exemplare aus Afrika herbringen. Zeitweise gab es bis zu 3000 Kamele auf der Insel, sie trugen Lasten von bis zu 500 kg. Heute werden Kamele nur noch für Ausflüge genutzt, die 24 Eigentümer sind in einer Kooperative zusammengeschlossen und besitzen gemeinsam 290 für den Touristenbetrieb lizenzierte Tiere, von denen gut 200 einsatzbereit sind. Jedes arbeitet nur fünf Stunden pro Tag.

ADAC *Mobil*

Pkws sind im Nationalpark nicht erlaubt (bis auf einen kurzen Abschnitt der LZ-67 und die Anfahrt zu den Montañas del Fuego), und nur ein einziger **Wanderweg** ist für unbegleitete Touren geöffnet. Außerhalb des Nationalparks sieht die umgebende Landschaft allerdings sehr ähnlich aus und ist als Naturpark geschützt. Hier sind individuelle Wanderungen und Autotouren möglich.

 ### Restaurants

€€ | El Diablo Das große Restaurant, von César Manrique gestaltet, hat Panoramafenster für tolle Ausblicke auf den Nationalpark. Da es sich direkt auf einer der vulkanisch aktivsten Zonen des Parks befindet, wird es hier oft ganz schön heiß. Spezialität sind Huhn, Schwein, Rind und Lamm, gegrillt über einem Vulkanschlot. An der Bar kann man auch nur ein Getränk oder kleine Speisen zu sich nehmen, geöffnet ist von morgens bis nachmittags. ■ Im Nationalpark, direkt am Parkplatz, Tel. 928 84 00 57, Küche tgl. zum Mittagessen

 ### Wandern

㉑ **Ruta Tremesana und Ruta del Litoral** Die Nationalparksverwaltung bietet hochinteressante geführte Wanderungen in Kleingruppen an (max. acht Teilnehmer, kostenlos, auf Spanisch und Englisch). Unterwegs machen die Führer die Teilnehmer auf unterhaltsame und äußerst informative Weise mit der Flora, Fauna und Geologie, der Geschichte und den Legen-

ADAC *Spartipp*

Die kostenlosen geführten **Wanderungen im Nationalpark** sind viel schöner als manch kommerzielles Angebot, bei dem man auch mal mit 15 oder mehr Menschen unterwegs ist. Unterhaltsam, stimmungsvoll und informativ sind ebenso die wöchentlichen Gratisführungen durch das historische **Teguise** (S. 44), auch dort sind die Gruppen meist angenehm klein.

den der Vulkanlandschaft vertraut. Es gibt zwei verschiedene Touren: Die Ruta Tremesana führt mitten hinein in die junge Vulkanlandschaft des Nationalparks (3,5 km, 3 Std. inkl. Transfer ab/bis Treffpunkt in Yaiza), bei der Ruta del Litoral geht es ab El Golfo zunächst ins Inselinnere, dann entlang der Küste zurück (ca. 5,8 km, 3,5 Std.). ■ Voraussetzungen zur Teilnahme sind ein Mindestalter von 16 Jahren, die Beherrschung der Sprache (Wanderungen auf Englisch und Spanisch werden getrennt angeboten), eine gute körperliche Konstitution und festes Schuhwerk. Anmeldung obligatorisch, die Touren sind oft Monate im Voraus ausgebucht, manchmal werden allerdings kurzfristig Plätze frei. Informationen im Centro de Visitantes Mancha Blanca, Tel. 928 11 80 42, Anmeldung online bei der Nationalparkverwaltung: www.reservasparquesnacionales.es, die Teilnahme ist kostenlos

31 Yaiza

Ein Dorf mit Flair, einem Ausstellungszentrum und einer schönen Kirche

Bereits mehrmals hat Yaiza die Kür zum »schönsten Dorf Spaniens« gewonnen. Der Ort ist sehr gepflegt und wirkt schon aus der Ferne malerisch, denn die kleinen weißen Häuser stehen in schönem Kontrast zur vulkanisch dunklen Umgebung. Die Kirche Nuestra Señora de los Remedios wurde ab 1699 erbaut und überstand als eines von wenigen Gebäuden der Gegend die Vulkanausbrüche des 18. Jh. Wie durch ein Wunder soll ein Lavastrom direkt vor ihren Mauern angehalten haben. Die Kirche ist meist, aber nicht immer tagsüber geöffnet. Ihren Innenraum ziert eine geschnitzte und farbig bemalte Holzdecke.

Auf dem Vorplatz wachsen Indische Lorbeerbäume und Pfefferbäume. Der Kirche gegenüber steht ein historisches Herrenhaus mit dem Ausstellungszentrum Casa de la Cultura (wechselnde Kunstausstellungen, variierende Öffnungszeiten), einem Sitzungs- und Veranstaltungssaal sowie Büros der Gemeindeverwaltung.

 Restaurants

€ | Bar Stop Urige Bar mit einer großen Auswahl an guten und preiswerten Tapas sowie Hausmannskost zum Mittagessen. Guter Kaffee. Sehr beliebt bei Einheimischen, die sich hier auch gern nur auf ein Bier oder ein Glas Wein treffen. ■ Plaza Nuestra Señora de los Remedios, So–Fr von morgens bis abends, Sa nur bis 16 Uhr

€€ | La Era Auf den Tisch kommt eine traditionelle kanarische Küche in einem 300 Jahre alten Landgut. Das Gebäude, seine Räume und Gärten sind sehr schön restauriert und gestaltet, der Künstler César Manrique initiierte einst den Umbau zum Restaurant. ■ Calle Barranco 3, Tel. 928 83 00 16, tgl. von mittags bis spätabends

32 El Golfo

 Eine Landschaft wie ein Gemälde – unwirklich und einzigartig

Am Eingang des kleinen Dorfes liegt linker Hand ein Parkplatz. Von dort aus führt ein Weg oberhalb der Küste entlang zu einer Aussichtsplattform – hier erlebt man ein grünes Wunder: Unterhalb dunkler, rötlicher und ockerfarbener Felsen und umgeben von fast schwarzem Strand liegt ein großer, leuchtend grüner See – Algen verdankt er diese Farbe. Offiziell heißt er Charco de los Clicos, wird oft aber einfach Laguna oder Lago Verde genannt. Dieses Landschaftsbild ist eines der meistfotografierten Motive auf Lanzarote. Der Abstieg direkt an den See oder auch ein Spaziergang am Ufer sind hier allerdings aus Sicherheits- und Naturschutzgründen verboten.
Im Dörflein El Golfo säumen die Terrassen zahlreicher Fischrestaurants die raue, eindrucksvolle Küste. Baden kann man hier nicht, aber schon der Anblick der Felsen und der tosenden Brandung sind ein Genuss. Touristen wie Einheimische kommen gern nach El Golfo zum Mittagessen oder für ein frühes Abendessen, besonders an Wochenenden sind die Lokale gut gefüllt.

Restaurants

€€ | Casa Torano Fischlokal mit großer, teils windgeschützter Terrasse direkt am Meer. Sehr freundlicher Service, leckere Tellergerichte und Tapas. Preiswert im Vergleich zu anderen Lokalen in El Golfo (wo die Preise oft etwas höher sind als anderswo auf Lanzarote). ■ Avenida Marítima 24, Tel. 928 17 30 58, www.restaurantecasatorano.com, tgl. mittags bis 20.30 Uhr

€€ | El Bogavante Frischer Fisch und Meeresfrüchte, einfach und lecker zubereitet – etwas teurer als in der Casa Torano, dafür aber mit noch größerer, schönerer Terrasse am Meer. Bei Bedarf gibt es auch windgeschützte Plätze

Idyllischer Kirchplatz von Yaiza. Das Gotteshaus ist oft, aber nicht immer geöffnet

mit Meerblick. ◼ Avenida Marítima 39, Tel. 928 17 35 05, tgl. mittags bis 21.30 Uhr

33 Los Hervideros

 Felsen, Brandung und Gischt – wie ein brodelnder Hexenkessel

»Hervir« ist das spanische Wort für »brodeln«, »hervidero« steht für ein Gewimmel, einen Kessel mit siedendem Wasser oder auch für heiße Quellen – die es auf der Insel aber nicht gibt. Die Hervideros von Lanzarote sind Felsformationen an der Steilküste, die Tunnel, Trichter und Höhlen bilden, und wenn mächtige Wellen darauf treffen, entsteht eine viele Meter hohe Gischt. Das Wasser wird aufgewühlt, dass es aussieht, als koche es, und Nebel steigt auf wie heißer Dampf. Am gewaltigsten ist das lautstarke Naturschauspiel an einer beschilderten Stelle mit großem Parkplatz zu bestaunen. Hier sind auch Fußwege über den Felsen angelegt und Handläufe angebracht, sodass man immer wieder andere aufregende Szenen und Ansichten des aufgewühlten, spritzenden und sich überschlagenden Meerwassers entdecken kann. An anderen Stellen in der Umgebung sind ähnliche Phänomene zu sehen, weniger spektakulär zwar, dafür aber ist das Publikum dort nicht ganz so zahlreich wie an den allseits bekannten Hervideros.

34 Salinas de Janubio

Die größte Salinenanlage der Kanaren und eine Vielzahl von Vögeln

Vulkanströme und die oft heftige Brandung in dieser Gegend schufen eine Lagune, vom Meer abgetrennt durch einen schwarzen Strand. Hier liegt die mit 1 km² größte Anlage zur Meersalzgewinnung der Kanaren. Die Saline ist in Privatbesitz, es gibt keinerlei Angebote für Besucher, dennoch lohnt ein Blick auf die Kulturlandschaft mit den gefluteten Becken, dem kegelförmig geschichteten Salz – und den unzähligen Vögeln, die sich in dem Sumpfgebiet pudelwohl fühlen.

Von der Flutung eines Beckens bis zur Ernte des Salzes vergehen vier bis sechs Wochen. Guten Ausblick auf die Salinen hat man von einem Schotterparkplatz nördlich davon. Das Salz ist zu teils recht üppigen Preisen in Souvenirshops erhältlich – oder preiswert in Supermärkten.

35 Punta Pechiguera

Wohl der schönste Ort der Insel für Sonnenuntergangsanbeter

Ein Leuchttürmchen, Jahrgang 1866, steht, von Graffiti übersät, neben einem 50 m hohen Leuchtturm, der 120 Jahre später eröffnet wurde und auch schon renovierungsbedürftig wirkt. Nicht weit entfernt befindet sich eine große Ansammlung von Bauruinen: Dies ist ein verlassener, auch etwas melancholisch stimmender Ort – perfekt für Menschen, die romantische Sonnenuntergänge in einsamer, ungewöhnlicher Umgebung lieben. Man blickt hinüber nach Fuerteventura und auf das weite Meerespanorama.

Ein weiterer sehr schöner Platz zum Beobachten des Sonnenuntergangs liegt etwas weiter nordwestlich am Hotel Vik Coral Beach.

Das Spektakel von Los Hervideros: tosende Gischt trifft auf zerklüftete Felsen

36 Playa Blanca

Lanzarotes jüngstes Touristenzentrum

Playa Dorada, der größte Strand der Feriensiedlung Playa Blanca, am frühen Morgen

ℹ Information

■ Oficina de Turismo de Playa Blanca, Calle el Varadero 3, Tel. 928 51 81 50, www.yaiza.es, tgl. 9–19 Uhr
■ Parken siehe S. 116

Wo sich bis dahin nur ein kleines Fischerdorf befand, entstanden in den späten 1980er-Jahren erste Ferienunterkünfte, und in einer kleinen Bucht wurde heller Sand aufgeschüttet. Heute steht hier eine richtige Urlaubsstadt, und sie wächst immer noch. Diverse Bauruinen an den ausgefransten Siedlungsrändern zeugen von der Planlosigkeit bei der Entwicklung sowie den Folgen der Grundstücksspekulation. Dennoch küren viele Touristen Playa Blanca zu ihrem Lieblingsstandort. Sie schätzen z.B. die fröhliche Urlaubsatmosphäre, die schöne Promenade (von der der Autoverkehr weit entfernt verläuft) und den großen Jachthafen Marina Rubicón. Auch gefällt vielen Besuchern der Ausblick auf die nahe gelegene Nachbarinsel Fuerteventura und die Möglichkeit, für Tagesausflüge mit der Fähre nach Corralejo überzusetzen. Vor allem aber lieben die Urlaubsgäste die nahe gelegenen Playas de Papagayo (S. 117).

Plan
S. 114/115

Sehenswert

❶ **Playa Blanca**
| Strand |

Der sehr kleine Strand ist sozusagen die Keimzelle der Urlauberstadt Playa Blanca. Obwohl in der Nachbarschaft sehr viel schönere Uferabschnitte liegen, kommen eine ganze Menge Gäste hierher, darunter auch viele Einheimische. Denn dank der zentralen Lage kann man schnell mal in einer Pause ins Wasser springen. Es stehen keine Sonnenliegen zu Verfügung, aber man kann eine Dusche benutzen.

■ Südl. der Calle el Varadero

❷ **Calle Limones**
| Einkaufsstraße |

Die Fußgängerzone und Haupteinkaufsstraße von Playa Blanca versammelt viele schöne Geschäfte, darunter Schuh- und Sportläden, Shops für Damen- und Herrenmode sowie Parfümerien. Die Straße ist sehr gepflegt, üppig bepflanzt, es gibt Kunstwerke und Bänke zum Ausruhen – ein Spaziergang lohnt sich also auch, wenn man nichts kaufen möchte.

❸ **Paseo Marítimo**
| Promenade |

Gut 8 km misst die Promenade entlang der gesamten Südwestküste, vom Leuchtturm Faro de Pechiguera im Westen bis zum Castillo del Águila im Osten und noch weiter. Je näher am Zentrum von Playa Blanca, desto mehr Restaurants, Bars, Cafés und Shops reihen sich am Paseo Marítimo. Jenseits der Playa Flamingo wird es sehr ruhig.

❹ **Playa Flamingo**
| Strand |

Die Strandbucht ist bei Familien mit kleinen Kindern besonders beliebt, denn dank künstlicher Wellenbrecher ist das Meer absolut ruhig, zudem fällt der Strand sehr flach ab. Es gibt Sonnenliegen, -schirme und alles, was sonst noch am Strand für Komfort sorgen könnte. Bei schönem Wetter wird es hier oft sehr voll. Wegen der großen Fischschwärme, die sich oft außerhalb der Bucht aufhalten, ist die Playa Flamingo bei Tauchern ein beliebter Einstieg – der Spot wird scherzhaft auch »Fischsuppe« genannt.

Playa Dorada

| Strand |

Der mit etwa 300 m Länge größte Strand des Ferienorts Playa Blanca ist mit hellem Sand aufgeschüttet, das Wasser fällt flach ab, künstliche Wellenbrecher sorgen für ein sicheres Baden. Sonnenliegen stehen dicht an dicht – die Gäste hier mögen es trubelig und nutzen auch gern Spaßangebote wie etwa Bananaboat-Fahrten. Es gibt eine Badeaufsicht und Gastronomie.

 Marina Rubicón

| Jachthafen |

 Trinken, Schlemmen und Shoppen in lässig-edler Atmosphäre

Lanzarotes jüngster Sportboothafen ist groß und nobel gestaltet mit langen Stegen zum Spazierengehen, begrünten Boulevards, verschiedenen Skulpturen, feinen Geschäften, angenehmen Restaurants sowie Cocktailbars mit gemütlichen Sofas direkt am Wasser. Unweit der turbulenten Playa Dorada herrscht hier eine eher ruhige, gediegene Atmosphäre – wer dergleichen zu genießen weiß, kann hier gut und gerne einen halben oder sogar ganzen Tag verbringen.

■ www.marinarubicon.com

 Museo Atlántico

| Unterwassergalerie |

2017 eröffnete das Unterwassermuseum des Künstlers Jason deCaires Taylor. Der Brite, der ähnliche Projekte in der Karibik realisierte und seit Jahren auf Lanzarote lebt, schuf zwölf Skulpturen bzw. Skulpturenensembles aus Zement, die er zwischen der Marina Rubicón und den Playas de Papagayo versenkte. So entstand ein künstliches Riff – schon nach kurzer Zeit waren die Skulpturen bewachsen. Die Kunst soll

Gefällt Ihnen das?

Dann sollten Sie auch die Installation »**La Marea Creciente**« von Jason deCaires Taylor am MIAC (S. 24) in Arrecife besuchen. Die Skulpturen dort sind nur z. T. im Hafen versenkt und somit auch für Nichttaucher eine Attraktion.

die weltweite Zerstörung natürlicher Riffe thematisieren. Zudem verweisen manche Werke auf soziale Missstände, so stellt eines ein gesunkenes Flüchtlingsboot dar. Andere Arbeiten beschäftigen sich mit Traditionen der Insel oder mit allgemeinen Themen wie Nähe, Abschied und Tod. Für alle menschlichen Figuren standen Einwohner von Lanzarote Modell.

Das Museo Atlántico sorgt für viel positive Aufmerksamkeit, aber auch für Kritik. Besuchen können es nur zertifizierte Sporttaucher im Rahmen von geführten Tauchausflügen und nach Zahlung einer Gebühr. Auch Apnoe-

taucher werden zur Kasse gebeten. Es ist somit der erste Tauchplatz vor Lanzarote, für dessen Besuch man Eintritt zahlen muss. Viele finden ohnehin, dass die Natur faszinierend genug ist und nicht noch aufgewertet werden muss. In Planung sind Touren mit Glasbodenbooten und Schnorchelausflüge. Da die Sichtweiten jedoch fast immer geringer sind als die Tiefe, in denen die Skulpturen stehen (12–14 m), wären solche Angebote wenig attraktiv.

Informationsbüros findet man am südöstlichen Ende der Marina Rubicón (Mo–Fr 9–17 Uhr, Tel. 928 51 73 88) sowie in der Casa Amarilla in Arrecife (S. 27). Der Eintritt zum Museum beträgt 12 € für Taucher mit Flasche und 8 € für Freitaucher. Hinzu kommen die Kosten für Tauchguide, Ausrüstung und Transfer im Boot.

■ Tauchgänge am Museo Atlántico dürfen nur speziell lizenzierte Tauchbasen anbieten, darunter Rubicón Diving an der Marina Rubicón, Tel. 928 34 93 46, www.rubicondiving.com

ADAC *Mobil*

Vom Fischerei- und Fährhafen Playa Blanca verkehren Fähren von drei Reedereien nach **Corralejo** auf Fuerteventura. Die Fahrt dauert 25 Minuten – ein beliebter Tagesausflug. *Naviera Armas, Tel. 902 45 65 00, www.navieraarmas.com; Fred Olsen, Tel. 902 10 01 07, www.fredolsen.es; Lineas Romero, Tel. 928 59 61 07, www.lineasromero.com*

❽ Castillo del Águila (Castillo de las Coloradas)
| Festung |

Das kleine, kreisrunde Gebäude (18. Jh.) ist die einzige Festung im Süden der Insel. Sie liegt direkt an der Küste und wird wahlweise Castillo del Águila oder Castillo de las Coloradas genannt. Man kann sie nicht betreten, aber zusammen mit dem Meer und dem Blick auf Fuerteventura im Hintergrund bildet sie ein schönes Bild für Spaziergänger und ein gutes Fotomotiv.

Kleine und größere Buchten säumen den südöstlichen Zipfel der Insel

 ## Verkehrsmittel

Busse der Linien 161 und 261 verkehren zwischen dem Flughafen und Playa Blanca. Fahrpreis pro Strecke: 3,30 €. Infos und Fahrpläne: https://arrecife bus.com. Eine **Taxifahrt** vom Flughafen nach Playa Blanca kostet ca. 48 €, von Arrecife nach Playa Blanca ca. 52 €.

 ## Parken

Ein kostenloser Schotterparkplatz (unbewacht) liegt beim Kreisverkehr am **Ende der Landstraße LZ-2**. Auch in der Umgebung der **Marina Rubicón** gibt es mehrere kostenfreie Parkplätze, etwa am Kreisverkehr (gegenüber dem Restaurant El Mirador) und am Ein-

kaufszentrum Centro Comercial Rubicón (am Ende der Calle el Zorrón).

Restaurants

€ | Lani's Snack Bar Im Angebot sind spanische Tapas, Hamburger, Pizzas, Sandwiches und andere Snacks. Gute Qualität zum günstigen Preis, freundlicher Service. Unmittelbar an der Marina gelegen, genießt man einen tollen Ausblick. ■ Direkt an der Einfahrt zur Marina Rubicón, links hinter dem Kreisverkehr Avenida Marítima/Calle el Berrugo, Tel. 928 34 98 31, tgl. vormittags bis abends, Plan S. 114/115, e2

€€ | El Olivo Spezialität des Hauses sind Paellas und andere Reisgerichte. Außerdem stehen Fisch und Meeresfrüchte, Steaks und Salate auf der Karte. Schöne Lage an der Playa Dorada. ■ Avenida Papagayo, Centro Comercial Papagayo, Tel. 928 34 96 21, tgl. vormittags bis abends, Plan S. 114/115, c1

€€€ | Isla de Lobos Gourmetrestaurant im Fünf-Sterne-Hotel. Kanarische Küche mit aktuellen, fantasievollen Einflüssen. Herrliches Ambiente, große Terrasse mit Meerblick. ■ Im Hotel Princesa Yaiza, Avenida Papagayo 22, Tel. 928 51 92 22, www.princesayaiza.com, Di–Sa abends, Plan S. 114/115, d1

 ## Kneipen, Bars und Clubs

Golden Beach Club Gemütliche Sessel und Sofas in einem Garten an der Uferpromenade. Es gibt Cocktails, Bier, Kaffee und zehn Sorten Gin. ■ Paseo Marítimo, östl. von Playa Dorada, unterhalb des Hotels Hespería, tgl. mittags bis Mitternacht, Plan S. 114/115, d1

One – Sailors Bar de Navegantes Uriges Bar-Restaurant mit großer Terrasse, ein Seglertreff am Leuchtturm der

Marina Rubicón mit Blick auf die Hafeneinfahrt. Große Auswahl an Getränken, leckere Snacks. ■ Marina Rubicón, Tel. 928 34 99 30, Mo–Sa vormittags bis Mitternacht, Plan S. 114/115, d2

 Einkaufen

Boulevard Yaiza An der Uferpromenade liegt ein öffentlicher Zugang zur »Plaza« des Fünf-Sterne-Hotels Princesa Yaiza: In ruhiger, grüner, schattiger Umgebung findet sich ein kleines, feines Sortiment an Kleidung und Accessoires von preisgünstig bis teuer. ■ Im Hotel Princesa Yaiza, Avenida Papagayo 22, Zugang auch vom Paseo Marítimo nahe Playa Dorada, Tel. 928 51 92 22, www.princesayaiza.com, Plan S. 114/115, d1

Mercadillo Empfehlenswerter Markt für Kunsthandwerk, Kleidung sowie hochwertige Souvenirs. Wenig Ramsch und Trödel. ■ Marina Rubicón, Mi und Sa 9–14 Uhr, Plan S. 114/115, e2

 Kinder

Aqualava Water Park Wasserpark mit großen Rutschen, Wellenbecken, einem »Fluss«, auf dem man sich mit Gummibooten treiben lassen kann, Minigolf und mehr. Nicht sehr groß, aber spaßig für Familien mit Kindern. Der Park gehört zur Apartmentanlage Relaxia Lanzasur, Übernachtungsgäste haben kostenlosen Zutritt. ■ Avenida de Gran Canaria s/n, Tel. 928 51 75 33, www.aqualava.net, im Sommer tgl. 10–18, ansonsten 10–17 Uhr, 21 €, Kinder 14,50 €, Plan S. 114/115, a1

Strände Die Meerzugänge von Playa Blanca sind – im Unterschied zu vielen anderen Stränden auf Lanzarote – sehr gut auch für Kinder geeignet, denn sie fallen flach ab, haben wenig Wind,

Wellen und Strömung. Besonders beliebt bei Familien mit Kindern ist die von zwei Molen geschützte Playa Flamingo. Hier kann man auch schön schnorcheln und Fische beobachten.

Playas de Papagayo

Entlegene Buchten mit den schönsten Naturstränden der Insel

Das vulkanische Gebirgsmassiv Los Ajaches in Lanzarotes Südosten ist Naturschutzgebiet und eine der einsamsten und wildesten Regionen der Insel. An seiner Küste liegen die sicherlich schönsten Strandbuchten weit und breit, die Playas de Papagayo. Man erreicht sie nur zu Fuß, per Boot oder mit dem Pkw über abenteuerliche Pisten ab Playa Blanca, deshalb sind die Strände nicht vollständig übervölkert – wenngleich es hier dennoch oft trubelig zugeht. Wer paradiesische Zustände wie vor 15 oder mehr Jahren erleben möchte, sollte in den Stunden vor Sonnenuntergang kommen.

Die Kette der durch Felsen voneinander getrennten Strände beginnt, von Playa Blanca aus betrachtet, mit der etwa 400 m langen, hellen und feinsandigen Playa de las Mujeres, darauf folgen kleinere Strandbuchten (Playa Pozo und Playa de la Cera) und schließlich die eigentliche Playa de Papagayo: hell, sanft abfallend und an drei Seiten von hohen, vielfarbigen und dramatisch wirkenden Vulkanwänden umgeben. Das Wasser ist türkisfarben und äußerst klar. Es schließen sich weitere Strände an, darunter die Playa de Puerto Muelas mit einem wirklich sehr unattraktiven Campingplatz.

Im Januar 2018 kürte der US-Fernsehsender CNN die 52 weltweit schönsten

ADAC *Mobil*

An einem großen Kreisverkehr auf der LZ-705 sind die **Playas de Papagayo** Richtung Osten ausgeschildert. Wesentlich angenehmer ist es, nach Playa Blanca hineinzufahren, den Ort und alle anschließenden Siedlungen Richtung Osten zu durchqueren und am Ende Richtung Norden abzuzweigen – so umgeht man ein ganzes Stück sehr holpriger Piste.

Strände – darunter befanden sich auch die Playas de Papagayo. Der Zustrom dürfte nun also noch stärker werden.

Verkehrsmittel

Pkw: Mietwagenverträge schließen in der Regel das Befahren unbefestigter Wege aus. Wer mit dem gemieteten Auto zu den Stränden fährt, verzichtet indirekt auf Versicherungsschutz. Bei der Einfahrt ins Naturschutzgebiet ist pro Wagen eine Gebühr von 3 € zu entrichten (tgl. 10–17 Uhr). Von beiden Häfen in Playa Blanca (Fischerei-/Fährhafen und Marina Rubicón) verkehren **Boote** der Reederei Lineas Romero zur Playa de Papagayo, Hin- und Rückfahrt ab 15 €, Kinder ab 8 € (Tel. 928 59 61 07, www.lineasromero.com).

Restaurants

€–€€ | Papagayo Oberhalb der Playa de Papagayo liegt diese liebevoll gestaltete Strandbar (auch »Chiringuito« genannt) mit Küche. Großartiger Ausblick, ordentliche Speisen, freundlicher Service. ■ Am Parkplatz der Playa de Papagayo, Tel. 747 77 61 89, wechselnde Öffnungszeiten je nach Saison und Wetter

38 Femés

Das Dörflein gewährt einen tollen Ausblick über die Südküste

Am Ende einer steilen Straße erstreckt sich das winzige Dorf hoch oben in den Bergen – und gibt einen fantastischen Ausblick auf den gesamten Süden der Insel frei. Als Tourist kann man in Femés genau drei Dinge machen: schauen, essen und Käse kaufen. Das ist nicht viel, aber auf alle Fälle Grund genug, um auf dem Weg Richtung Süden (oder Norden) einmal hier Halt zu machen. Das allenthalben empfohlene Restaurant Casa Emiliano bietet zwar immer noch gute Küche, wurde aber ein paarmal zu viel empfohlen, es ist oft überfüllt.

Restaurants

(25) **€ | Balcón de Femés** Fisch und Fleisch, Kartoffeln, Soßen, Salat: Die kanarischen Klassiker, frisch und gut zubereitet, schmecken besonders köstlich beim weiten Panoramablick von der großen Terrasse. ■ Plaza San Marcial, Tel. 928 83 03 44, Mi–Mo mittags bis abends

Einkaufen

Quesería Rubicón Der Käseladen verkauft hauptsächlich Produkte, die in der eigenen Käserei aus der Milch der eigenen Ziegenherde entstanden sind: neben verschiedenen Käsesorten ist auch Ziegenjoghurt im Angebot. Zudem gibt es Marmeladen, Kräutersoßen und andere Feinkostprodukte aus kleinen Manufakturen in der Nachbarschaft. ■ Plaza San Marcial 3, Tel. 649 91 12 89, Mo–Fr 10–19, Sa, So 10.15 Uhr

Übernachten

Im Süden liegen die wichtigsten Apartment- und Hotelsiedlungen: Puerto del Carmen entwickelte sich seit Beginn des Tourismus zum beliebten Urlaubsort, hier gibt es v.a. Apartmentanlagen. Aus dem einst winzigen Dorf Playa Blanca ist erst in jüngerer Zeit ein Tourismuszentrum geworden, hier überwiegen exklusive Hotels. Elegant und wunderschön sind auch die Unterkünfte in Puerto Calero.

Puerto del Carmen 92

€€ | **Apartamentos Fariones** Große Apartmentanlage (138 Einheiten), 200 m von der Playa Grande entfernt. Gut geeignet für Familien mit Kindern (Kinderanimation, Kinderpool etc.). Geschmackvoll eingerichtete Unterkünfte mit Kitchenette und Balkon. ■ Calle Timanfaya 8, 35510 Puerto del Carmen, Tel. 928 51 00 10, www.apartamentosfariones.com

€€ | **Hipotels La Geria** Große Hotelanlage (4 Sterne) mit Innen- und Außenpools, Minigolf, Fitnessbereich, Sauna. Direkt an der Playa de los Pocillos; optional all inclusive. ■ Calle Júpiter 5, 35510 Puerto del Carmen, Tel. 928 51 04 41, www.hipotels.com

€€–€€€ | **Costa Sal Villas & Suites** Große, beliebte Anlage in der Siedlung Matagorda, westlich von Puerto del Carmen, 200 m vom Strand entfernt. Es gibt kleine Studios, Bungalows und große Villen – auch die Ausstattung ist variabel von Mittelklasse bis Luxus. ■ Calle Agonal 16, 35510 Puerto del Carmen, Tel. 928 51 42 42, www.costasal.com

€€€ | **La Isla y el Mar** Ungewöhnlich kleines Luxushotel oberhalb der Altstadt von Puerto del Carmen. 81 Suiten (mind. 50 m²), gehobene Ausstattung, alle mit direktem Meerblick.

Spa, Wellnessbereich, Fitness, edle Poolanlage. ■ Calle Reina Sofía 23, 35510 Puerto del Carmen, Tel. 928 51 37 25, www.laislayelmar.com

€€€ | **Suite Hotel Fariones Playa** Modern gestaltete Suiten, alle mit Wohn- und Schlafzimmer, Kitchenette, Balkon. Gehobene Ausstattung, drei Swimmingpools, Sport-, Unterhaltungs- und Kinderprogramm. Direkt am Strand. ■ Calle Timanfaya 8, 35510 Puerto del Carmen, Tel. 928 51 34 00, www.suitehotelfarionesplaya.com

Puerto Calero 98

€€–€€€ | **Hotel Costa Calero** Vier-Sterne-Hotel am Jachthafen. Weitläufiger, schöner Garten und Poolanlage, großer Thalasso- und Spabereich, Fitness. Kinderspielplatz und -animation. 340 Zimmer. ■ Urbanización Puerto Calero, 35570 Yaiza, Tel. 928 84 95 95, www.hotelcostacalero.com

€€€ | **Hotel Hesperia Lanzarote** Edle Zimmer, noble Poolanlage, Bibliothek, Diskothek, Fitnessraum und noch viel mehr: alles sehr exklusiv gestaltet, dennoch auch für Familien mit Kindern geeignet. ■ Urbanización Cortijo Viejo (Puerto Calero), 35570 Yaiza, Tel. 828 08 08 00, www.nh-hoteles.es, Kontakt für Infos und Buchung in Deutschland: Tel. 030/22 38 85 99

Playa Blanca

€€ | **HD Pueblo Marinero** Hotel nur für Erwachsene (4 Sterne), an der Uferpromenade nahe Marina Rubicón. Modern gestaltete Zimmer und Suiten. Mit Pools und FKK-Bereich. ■ Calle el Berrugo 1, 35580 Playa Blanca, Tel. 928 51 81 96, www.hdhotels.com

€€ | **Vik Coral Beach** Anlage der Mittelklasse (3 Sterne), 60 Apartments in kleinen Villen. Ruhige Lage direkt am Meer. Perfekter Ausblick auf den Sonnenuntergang – dafür gibt es eine extra Terrasse, windgeschützt, mit Sofas und Liegen. ■ Calle Austria/Calle Portugal, Urbanización Montaña Roja, 35580 Playa Blanca, Tel. 928 52 79 30, www.vikhotels.com

€€€ | **H10 Timanfaya Palace** Erwachsenenhotel nahe Playa Flamingo. Außen- und Innenpools, Spabereich, FKK-Bereich. Elegant eingerichtete Zimmer. All inclusive ist möglich. ■ Calle Gran Canaria 1, Urbanización Montaña Roja, 35580 Playa Blanca, Tel. 928 51 76 76, www.h10hotels.com

€€€ | **H10 White Suites** Exklusives Erwachsenenhotel, 300 m von Uferpromenade und Playa Dorada entfernt. 200 Suiten, zwei Pools. All-inclusive-Verpflegung möglich. ■ Calle Janubio 1, 35580 Playa Blanca, Tel. 928 51 70 37, www.h10hotels.com

€€€ | **Jardines del Sol** Apartments mit gehobener Ausstattung (z. B. Klimaanlage, Geschirrspüler, Waschmaschine, DVD-Player). Gärten, Poolanlage und Sonnenterrassen. Etwa 1,5 km sind es zur Uferpromenade. ■ Calle Francia 1, Urbanización Montaña Roja, 35580 Playa Blanca, Tel. 800 358 69 91, www.diamond resortsandhotels.com

€€€ | **Princesa Yaiza** Eines der besten Hotels auf Lanzarote (5 Sterne), gestaltet wie ein kanarisches Dorf mit Plaza, Shops, Cafés und Restaurants, exklusive Gemeinschaftsanlagen und Zimmer (mind. 43 m²). Großer Kinderclub (0-16 Jahre). Direkt an der Promenade und am Strand Playa Dorada gelegen. ■ Avenida Papagayo 22, 35580 Playa Blanca, Tel. 928 51 92 06, www.prin cesayaiza.com

ADAC *Das besondere Hotel*

Am Rand des Dörfleins Uga, mit Ausblick auf Vulkankegel, liegt die familiengeführte **Casa El Morro** mit sieben Ferienhäusern im ländlich-kanarischen Stil und einer mongolischen Jurte. Alles ist liebevoll gestaltet – von den Gärten bis hin zum Biofrühstück. Wer mag, kann an Yogakursen teilnehmen, Shiatsu- oder Reiki-Massagen genießen. Oder einfach nur der Stille lauschen. *€–€€ | Calle el Morro 1, 35571 Uga/ Yaiza, Tel. 928 83 03 92, www.casa elmorro.com*

ADAC

Hier beginnt der Urlaub.

Gut informiert. Besser reisen.

Algarve
Portugals Sonnenküste
9,99 €

Dalmatien
Kroatiens Sonnenküste
9,99 €

Französische Atlantikküste
Von La Rochelle bis zum Baskenland
9,99 €

Fuerteventura
Strandurlaub mit Wüstenkulisse
9,99 €

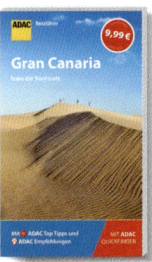

Gran Canaria
Insel der Kontraste
9,99 €

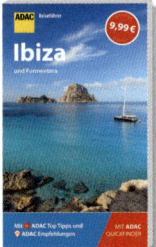

Ibiza
und Formentera
9,99 €

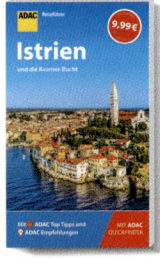

Istrien
und die Kvarner Bucht
9,99 €

Kreta
Urlaub wie die Götter
9,99 €

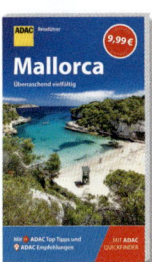

Mallorca
Überraschend vielfältig
9,99 €

Sardinien
Herbe Inselschönheit
9,99 €

Teneriffa
Traumurlaub zu Füßen des Teide
9,99 €

Mit ADAC Top Tipps und ADAC Empfehlungen · MIT ADAC QUICKFINDER

Weitere Titel finden Sie überall, wo es Bücher gibt, und auf adac.de/shop.

ADAC *Service Lanzarote*

Beim **ADAC Infoservice**, in den **ADAC Geschäftsstellen** sowie auf dem **Internetportal des ADAC** (www.adac.de) erhalten Sie Informationen zu den Dienstleistungen des Automobilclubs und zu Ihrem Reiseziel. Als **ADAC Mitglied** können Sie zudem das kostenlose **ADAC TourSet® Gran Canaria, Lanzarote, Fuerteventura** mit vielen Reiseinfos und Karten anfordern oder die **TourSet App** auf dem **Smartphone** oder **Tablet-PC** installieren (www.adac.de/toursetapp). Rufen Sie bei Notfällen und Pannen den **ADAC Notruf** bzw. den **ADAC Auslandsnotruf** an. Unser Team steht Ihnen rund um die Uhr zur Verfügung.

ADAC Infoservice
Tel. 0 800/510 11 12
Infos zu allen ADAC Leistungen
(Mo–Sa 8–20 Uhr, gebührenfrei)

ADAC Notruf Deutschland
Tel. 0 180/222 22 22
(24 Std., ca. 6 ct/Anruf, max. 42 ct/Min.
aus deutschem Mobilfunknetz)

ADAC Notruf Mobil-Kurzwahl
Tel. 22 22 22
(Gebühren variieren je nach
Netzbetreiber)

ADAC Auslandsnotruf
Tel. +49/89/22 22 22
(Gebühren variieren je nach
Netzbetreiber und Land)

Internet-Serviceangebote des ADAC für Ihre Reiseplanung

Service	Webadresse
Aktuelle Verkehrslage	www.adac.de/verkehr
ADAC Routenplaner	www.adac.de/maps
Infos zu Tankstellen und Spritpreisen	www.adac.de/tanken
Infos zu mautpflichtigen Strecken	www.adac.de/maut
Infos zu Fährverbindungen	www.adac.de/faehren
ADAC TourMail (Aktuelle Infos vor Anreise)	www.adac.de/tourmail
Informationen für Camper	www.adac.de/camping
Informationen für Motorradfahrer	www.adac.de/motorrad
Informationen für Segler und Skipper	www.adac.de/sportschifffahrt
ADAC Reiseangebote	www.adacreisen.de
ADAC Autovermietung	www.adac.de/autovermietung
ADAC Versicherungen für den Urlaub	www.adac.de/versicherungen
Weltweite Preisvorteile für ADAC Mitglieder	www.adac.de/vorteile-international

Diese **Produkte des ADAC** könnten Sie interessieren: **ADAC Reiseführer Teneriffa**, **ADAC Reiseführer Gran Canaria** und **ADAC Reisemagazin Kanarische Inseln** – erhältlich im Buchhandel, bei den ADAC Geschäftsstellen und in unserem ADAC Online-Shop (www.adac.de/shop).

Anreise und Einreise

Flugzeug

Der **Flughafen** von Lanzarote liegt an der Südostküste auf halber Strecke zwischen der Hauptstadt Arrecife (ca. 6 km entfernt) und dem Touristenzentrum Puerto del Carmen (ca. 8 km entfernt). Eine Taxifahrt vom Flughafen nach Arrecife kostet ca. 18 €, nach Puerto del Carmen ca. 20 €, nach Playa Blanca ca. 48 € und nach Costa Teguise ca. 27 €. Es gibt auch gute **Busverbindungen** in alle größeren Orte, für die Busfahrt nach Arrecife oder Puerto del Carmen bezahlt man 1,40 €, nach Costa Teguise 2,55 € (mit einmal umsteigen), nach Playa Blanca 3,30 €. Infos über die Buslinien finden Sie bei den jeweiligen Ortskapiteln.

Flüge zwischen Lanzarote und anderen Kanarischen Inseln bieten die Gesellschaften Binter und Air Europa, www.bintercanarias.com, www.aireuropa.com. Infos zum Flughafen in deutscher Sprache: www.aena.es/de/flughafen-lanzarote/index.html.

Fähre

Von Playa Blanca verkehren regelmäßig Fähren nach Corralejo auf Fuerteventura, die Fahrt dauert ca. 25 Min. Fähren von **Naviera Armas** fahren zwischen Arrecife und Santa Cruz de Tenerife sowie Las Palmas de Gran Canaria. Fähren von **Trasmediterranea** bedienen von Arrecife aus Santa Cruz de Tenerife sowie die Hafenstadt Cádiz in Südspanien.

Naviera Armas
- Tel. 902 45 65 00, www.navieraarmas.com

Fred Olsen
- Tel. 902 10 01 07, www.fredolsen.es

Lineas Romero
- Tel. 928 59 61 07, www.lineasromero.com

Trasmediterranea
- Tel. 902 45 46 45, www.trasmediterranea.es

Einreise und Dokumente

Für Bürger der EU-Staaten und für Bürger der Staaten des Schengen-Raumes (z.B. Schweiz) genügt ein gültiger Personalausweis oder Reisepass.

Auto und Straßenverkehr

Straßennetz und Sicherheit

Autofahren ist auf Lanzarote keine besonders große Herausforderung: Die meisten Straßen sind in sehr gutem Zustand, das gilt auch für entlegene Gegenden etwa rund um den Nationalpark oder im Norden. Alle Straßen sind mautfrei.

Die Strände Playas de Papagayo sind nur über **Schotterpisten** erreichbar. Dabei ist zu beachten, dass Mietwagen in der Regel nur auf befestigten Straßen genutzt werden dürfen bzw. dass der Versicherungsschutz beim Verlassen befestigter Straßen entfällt.

Die Einheimischen sind daran gewöhnt, dass Touristen manchmal etwas unsicher fahren. In der Regel nehmen sie darauf Rücksicht. Allgemein ist das Fahrverhalten angenehm und eine Autofahrt nicht riskanter als zu Hause. Jedoch sind zwei Besonderheiten zu beachten: Fast alle **Kreisverkehre** sind zweispurig, dabei ist es üblich, die äußere Spur zu nutzen, auch wenn man erst die zweite oder dritte Ausfahrt nimmt. Fahrer auf der äußeren Spur haben immer Vorfahrt gegenüber Fahrern auf der inneren Spur.

Viele Autofahrer blinken links, wenn sie an einem **Zebrastreifen** halten. Damit signalisieren sie den wartenden Fußgängern, dass sie gehen können.

Führerschein

Für EU-Bürger reicht die nationale Fahrerlaubnis. Viele andere brauchen einen internationalen Führerschein – spezielle Regelungen bitte beim spanischen Konsulat oder bei der Botschaft erfragen.

Tempolimits auf Lanzarote

Straße	Tempolimit
Autobahn	max. 120 km/h
Landstraße	max. 90 km/h
Ortschaft	max. 50 km/h

Verkehrsvorschriften

Das Telefonieren ohne Freisprechanlage ist verboten. Die Promillegrenze beträgt 0,5. Überholen ist nur links erlaubt. Für Mofa- und Motorradfahrer gilt Helmpflicht. Ein Verstoß gegen Regeln kann sehr teuer werden.

Tanken

Das Tankstellennetz ist dicht, die Benzinpreise sind deutlich geringer als z.B. in Deutschland oder auch in Festlandspanien. An den Zapfsäulen arbeiten fast überall Tankwarte, Kunden betanken ihre Autos also nicht selbst.

Parken

Kostenfreie Parkplätze an der Straße sind weiß markiert. Gelbe Linien bedeuten Parkverbot, blaue Linien eingeschränkte Parkerlaubnis (meist gebührenpflichtig zu bestimmten Uhrzeiten, Bezahlung am Parkscheinautomaten). Das Zentrum der Inselhauptstadt **Arrecife** ist großteils verkehrsberuhigt, deshalb empfiehlt es sich, den Wagen am Rand der Stadt zu parken. Es gibt sowohl kostenpflichtige, beaufsichtigte Parkplätze als auch ausreichend kostenfreie Stellflächen.

Die Altstadt von **Teguise** ist autofrei, mit Ausnahme der Markttage (sonntags) kann man problemlos auf kostenfreien Plätzen am Rand des historischen Zentrums parken. Auch andere Orte wie Haría, Órzola oder Yaiza haben reichlich kostenlose Stellplätze.

Im Touristenort **Costa Teguise** sind ausreichend Parkflächen vorhanden, sowohl im Zentrum als auch an den Stränden. In den anderen Touristenzentren – **Puerto del Carmen** und **Playa Blanca** – sind die öffentlichen Parkflächen eingeschränkt. Zum Parken in diesen beiden und vielen anderen Orten finden Sie zahlreiche Tipps im Innenteil des Reiseführers.

Üblich ist auch das Abstellen des Fahrzeugs auf Schotterplätzen in Arrecife und in manchen Dörfern. Wenn sich solche Plätze auf Baulücken befinden, ist das Parken dort aber nicht immer legal. Schilder weisen darauf hin.

An kostenfreien, unbeaufsichtigten Parkplätzen stehen oft Einheimische, die beim Einparken helfen und ein Auge auf die geparkten Autos werfen. Es ist üblich, ihnen 0,50 oder 1 € für diese Dienstleistung zu geben.

Unfall

Nach einem Unfall sollten Sie sofort anhalten, die Unfallstelle absichern und gegebenenfalls Erste Hilfe leisten. Kommen Mietwagen oder andere beteiligte Fahrzeuge und/oder Personen zu Schaden, müssen Sie die **Polizei** verständigen (Notruf: 112) und den Vermieter informieren. Notieren Sie dabei Kennzeichen, Namen und Anschriften von Fahrern und Haltern der beteiligten Fahrzeuge sowie deren Haftpflichtversicherung und Versicherungsnummer. Außerdem sollten Sie Namen von (möglichst neutralen) Unfallzeugen festhalten und die Unfallstelle fotografieren. Unterzeichnen Sie keine fremdsprachigen Schriftstücke, deren Inhalt nicht verständlich ist.

Barrierefreies Reisen

Viele öffentliche Wege sind barrierefrei, aber beileibe nicht alle. Die großen **Uferpromenaden** (Costa Teguise, Arrecife bis Puerto del Carmen, Playa Blanca) sind weitgehend barrierefrei. Der Besuch der Montañas del Fuego ist für Rollstuhlfahrer möglich, die Busse sind mit Hebebühnen ausgestattet. Weitere empfehlenswerte **Sehenswürdigkeiten** für Rollstuhlfahrer: Jardín de Cactus, Mirador del Río und Centro de Visitantes Mancha Blanca (alle sind weitgehend, aber nicht komplett barrierefrei). Viele Restaurants verfügen über Behinderten-WCs. Eine spezielle Website oder ein Infotelefon zum Thema gibt es leider nicht.

Diplomatische Vertretungen

Die Auslandsvertretungen Ihres Heimatlandes helfen Ihnen, wenn Sie Reisedokumente verloren haben, oder vermitteln, falls es zu Problemen mit spanischen Behörden kommen sollte.

Deutsche Botschaft Madrid

■ Calle de Fortuny 8, 28010 Madrid, Tel. 915 57 90 00, www.spanien.diplo.de, Termin nur nach Vereinbarung

Deutscher Honorarkonsul auf Lanzarote

■ Dr. Roland Mager, Avenida de la Llegada/Calle el Varadero 30, 35580 Playa Blanca, Tel. 928 51 92 31, lanzarote-fuerteventura@hk-diplo.de, www.spanien.diplo.de, Mo, Do 10–13 Uhr

Österreichischer Honorarkonsul auf Gran Canaria (zuständig für Lanzarote)

■ Alfred Suchomel, Avenida de Italia 6 (Hotel Escorial), 35100 Playa del Inglés/Las Palmas, Tel. 928 76 13 50, consulado deaustria@gmail.com, www.bmeia.gv.at/botschaften-konsulate, Mo–Fr 10–13 Uhr

Schweizer Konsulat auf Gran Canaria (zuständig für Lanzarote)

■ Urbanización Bahía Feliz, Edificio de Oficinas, Local 1, Playa de Tarajalillo, Tel. 928 15 79 79, mad.vertretung@eda.admin.ch, www.eda.admin.ch/madrid, Mo–Fr 9–13 Uhr

Feiertage

1. Januar (Neujahr, Año Nuevo), 6. Januar (Heilige Drei Könige, Epifania del Señor), Gründonnerstag, Karfreitag, 1. Mai (Tag der Arbeit, Día del Trabajo), 30. Mai (Feiertag der Kanarischen Inseln, Día de Canarias), 15. August (Mariä Himmelfahrt, Asunción de la Virgen), 25. August (Fest des Schutzheiligen von Arrecife, Fiesta de San Ginés), 15. September (Fest der hl. Jungfrau von den Schmerzen von Mancha Blanca, Fiesta de la Virgen de los Dolores), 12. Oktober (spanischer Nationalfeiertag, Fiesta Nacional de España), 1. November (Allerheiligen, Todos los Santos), 6. Dezember (Tag der spanischen Verfassung, Día de la Constitución), 8. Dezember (Fest der Unbefleckten Empfängnis, Inmaculada Concepción), 25. Dezember (Weihnachten, Navidad). Hinzu kommt der Faschingsdienstag, der nur in Arrecife Feiertag ist. In der Karwoche (Semana Santa) und der Osterwoche machen zahlreiche Inselbewohner Urlaub, dann schließen auch viele Geschäfte.

Geld und Währung

Die Dichte an **Geldautomaten** (»cajero automático«) ist sehr groß, sodass man mit EC- oder Kreditkarte jederzeit an Bargeld kommt. Fast alle Geschäfte, viele Restaurants und andere Dienstleister akzeptieren **Kreditkarten**. Banken braucht man eigentlich nicht – falls doch: Sie sind nur Mo–Fr ca. 9–14 Uhr geöffnet. Es gilt der Euro.

Generell ist Lanzarote ein preiswertes Reiseziel, was auch damit zusammenhängt, dass auf der Insel keine normale Mehrwertsteuer erhoben wird, sondern nur eine allgemeine Abgabe in Höhe von 7 %. Das **Preisniveau** der Hotellerie und Gastronomie variiert stark zwischen Urlauberzentren und Gebieten, in denen der Tourismus eine untergeordnete Rolle spielt. So sind die Hotelübernachtungen in Arrecife preiswerter als in den Touristenzentren. Auch ein Abendessen kann in den Badeorten deutlich teurer sein als in der Hauptstadt – bei gleicher Qualität.

Kosten im Urlaub
(durchschnittliches Preisniveau)

Café solo (Espresso)	1 €
Café con leche	1,50 €
Kleines Bier	1,50 €
Glas Wein (0,2 Liter)	3 €
Stange Weißbrot	1 €
Belegtes Brötchen (im Café)	2,50 €
Hauptgericht (Restaurant)	12–15 €
Mietwagen/Tag	30 €

Im Innenteil des Reiseführers finden Sie ADAC Spartipps für Ihren Lanzarote-Urlaub.

Gesundheit

Staatsbürger von Ländern der EU, die gesetzlich versichert sind, können mit einer **Europäischen Versicherungskarte** die öffentlichen Gesundheitseinrichtungen auf Lanzarote kostenlos nutzen. Jedoch entspricht die medizinische Versorgung nicht immer der von zu Hause gewohnten Qualität, auch spricht das Personal in vielen Fällen kein Deutsch oder Englisch.

Die meisten Zahnbehandlungen sowie eventuelle Rücktransporte sind nicht durch die gesetzlichen Versicherungen gedeckt. Deshalb empfiehlt es sich dringend, eine **private Reisekrankenversicherung** abzuschließen. Wer regelmäßig unterwegs ist, wählt am besten eine Jahresversicherung, so sind für einen vergleichsweise geringen Betrag alle Risiken abgesichert.

Auf Lanzarote arbeiten mehrere internationale **Ärzte**, darunter auch deutsche Mediziner. Wer deren Dienstleistungen in Anspruch nimmt, muss zunächst selbst zahlen, kann sich den Betrag aber dann von seiner privaten Versicherung erstatten lassen.

Die deutsche **Klinik Dr. Mager** hat drei Standorte auf der Insel: Playa Blanca (Tel. 928 517 938), Puerto del Carmen (Tel. 928 512 611) und Costa Teguise (Tel. 928 82 6072, www.lanzamedic.com).

Haustiere

Das Reisen mit Haustieren ist europaweit geregelt. Wer nach Spanien mit einem Hund oder einer Katze einreisen möchte, benötigt einen gültigen **EU-Heimtierausweis**, der von autorisierten Tierärzten ausgestellt wird. Darin müssen die Kennzeichnung des Tieres (Mikrochip oder Tätowierung) sowie eine gültige Impfung gegen Tollwut (Erstimpfung mindestens 21 Tage vor Einreise, aber nicht älter als 12 Monate) eingetragen sein.

An fast allen Stränden herrscht ein strenges **Hundeverbot**. Verstöße gegen diese Bestimmung können teuer werden. Erlaubt sind Hunde nur zu bestimmten Uhrzeiten an zwei Stränden: Playa de las Coloradas (Playa Blanca) und Playa de Guacimeta (am Flughafen). Schilder weisen auf die Zeiten hin, in denen das Mitnehmen von Hunden gestattet ist.

Information

Der Tourismusverband von Lanzarote betreibt die Website www.turismolanzarote.com (auch auf Deutsch). **Touristeninformationsbüros** gibt es in Arrecife, Costa Teguise, Teguise, San Bartolomé, Puerto del Carmen und Playa Blanca, die Adressen und Öffnungszeiten finden Sie im Innenteil dieses Reiseführers. Alle Büros erteilen Auskünfte über die gesamte Insel. Zusätzlich gibt es ein Büro im Flughafen.

In Deutschland, Österreich und der Schweiz stehen die Vertretungen des spanischen Fremdenverkehrsamtes bei Fragen zur Verfügung.

Turespaña (Fremdenverkehrsamt)

■ www.spain.info
■ Berlin: Lichtensteinallee 1, 10787 Berlin, Tel. 030/882 65 43, berlin@tourspain.es, Mo–Fr 10–14 Uhr
■ Frankfurt/Main: Myliusstr. 14, 60323 Frankfurt/Main, Tel. 069/72 50 33, frankfurt@tourspain.es, Mo–Fr 10–14 Uhr
■ München: Postfach 15 19 40, 80051 München, Tel. 089/53 07 46 11, munich@tourspain.es, kein Publikumsverkehr, telefonische Auskunft Mo–Fr 9–13 Uhr

■ Wien: Walfischgasse 8/14, 1010 Wien, Tel. 01/512 05 80, viena@tourspain.es, kein Publikumsverkehr
■ Zürich: Seefeldstr. 19/1. Stock, 8008 Zürich, Tel. 044/253 60 50, zurich@tourspain.es, Mo–Fr 9–17 Uhr

Klima und beste Reisezeit

Lanzarote hat ganzjährig angenehme **Temperaturen**, die durchschnittliche Tageshöchsttemperatur liegt zwischen 20 °C im Januar und 29 °C im August. Nachts sinkt das Thermometer von Juli bis September auf 20 bis 21 °C, im Januar auf 14 °C ab. Das Wasser ist vom Sommer bis zum Herbst um 20–22 °C warm, im Winter und Frühling um 18–20 °C. Es regnet sehr wenig, **Regentage** gibt es hauptsächlich von November bis Februar, die regenreichsten Monate sind Januar und Februar. Stürmisch ist es besonders im Sommer, vor allem im Norden der Insel und an der Nordwestküste.

Klimatabelle Lanzarote

Monat	Luft (°C) max/min	Wasser °C	Sonne (h/Tag)	Regentage
Jan.	21/14	18	6	3
Feb.	21/14	18	7	3
März	23/15	17	8	2
April	24/16	17	8	1
Mai	25/17	18	9	0
Juni	26/19	20	10	0
Juli	28/20	20	10	0
Aug.	29/21	21	10	0
Sept.	29/21	22	9	0
Okt.	27/19	22	8	2
Nov.	24/17	20	7	3
Dez.	22/15	19	6	4

Festivals und Events

Januar

Día de los Reyes (Heilige Drei Könige, 6. Januar) Der Tag, an dem die Kinder Geschenke erhalten. Am Vorabend großer Umzug in Arrecife.

Februar

Carnaval (Karneval) Umzüge und großes Volksfest in Arrecife, das über eine Woche dauert. Nach Aschermittwoch weitere Karnevalsumzüge in San Bartolomé, Puerto del Carmen, Costa Teguise, Tinajo, Haría, Playa Blanca und auf La Graciosa.

März/April

Semana Santa Prozessionen und feierliche Messen in der Karwoche und am Ostersonntag. In Arrecife, Teguise und andernorts.

Mai

Ironman Internationaler Extrem-Triathlon. www.ironman.com

Wallfahrt zur Fiesta de la Virgen de los Dolores in Mancha Blanca

Juli

Fiestas del Carmen Festlichkeiten am 16. Juli in vielen Orten zu Ehren der Schutzheiligen der Fischer und Seeleute. Mit Bootsprozessionen.

August

Fiesta de San Ginés Großes Volksfest in Arrecife zu Ehren des Schutzheiligen der Stadt. Beginn um den 12. August, Hauptfesttag ist der 25. August. Konzerte, Folkloreaufführungen, Sportveranstaltungen, Feuerwerk, Prozession u.v.m.

September

Fiesta de la Virgen de los Dolores Volksfest in Mancha Blanca, etwa zehn Tage lang Konzerte, großer Kunsthandwerksmarkt und Partys. Hauptfesttag ist der 15. September.

September/Oktober

Arrecife en vivo Livemusik-Festival mit kostenlosen Open-Air-Konzerten an vier aufeinanderfolgenden Freitagen. www.arrecifeenvivo.com

Travesía a nado El Río Schwimmer überqueren die Meerenge zwischen Lanzarote und La Graciosa (2,6 km). www.lanzarotedesportes.co/tnelrio

Oktober

Festival de Música Visual Mehrwöchiges Musikfestival mit hochkarätigen Künstlern. https://festivaldemusicavisualdelanzarote.com

November

Haría Extreme Ultramarathon: 94-km-Lauf plus weitere Wettbewerbe. www.hariaextreme.com

Dezember

Navidad (Weihnachten) Wichtigste Messen abends/nachts am 24. Dez. Feiertag ist auch der 25. Dez.

Hochsaison herrscht fast das ganze Jahr über: Beliebteste Reisezeit der Nord- und Mitteleuropäer ist von Oktober bis Ostern, die Festlandspanier kommen eher im Sommer, auch die Einheimischen machen im Sommer gern Urlaub auf ihrer Insel.

Trotz der milden Temperaturen brennt die **Sonne** intensiv – Lanzarote liegt auf demselben Breitengrad wie Saudi-Arabien. Deshalb ist es wichtig, die Haut vor Verbrennungen zu schützen. Auf dem Meer und bei Wanderungen sind zudem Kopfbedeckungen nötig. Eine ganz spezielle Wetterlage ist die »**calima**«: Ostwinde bringen heiße Luft und Wüstenstaub aus der Sahara. Das kommt besonders im Sommer vor, die Luft wird dann heiß und drückend. Die »calima« hält meist nur wenige Tage an, manchmal aber auch wochenlang.

Nachtleben

Viele Einheimische gehen spät abends – vor allem am Wochenende – mit der ganzen Familie spazieren oder treffen sich mit Freunden in **Straßencafés**. Am Charco de San Ginés und an der Playa del Reducto in Arrecife geht es dann teilweise sehr lebhaft zu. Aber auch in kleineren Orten trifft man sich abends auf Plätzen und Caféterrassen, etwa in Teguise oder Haría. Die **Diskotheken** in der Hauptstadt haben ein sehr junges Publikum. Zentrum des touristischen Nachtlebens ist **Puerto del Carmen**, hier kann man sich sieben Tage die Woche in Bars und Discos vergnügen. In Playa Blanca und Costa Teguise gibt es zwar einige Bars, Livemusik und Tanz finden aber überwiegend in den großen Hotels statt.

Tipps und Ausgehadressen finden Sie im Hauptteil des Buches.

Notfall

Wählen Sie in Notfällen immer die gebührenfreie europäische **Notrufnummer 112** (unter dieser Nummer erhalten Sie Hilfe von der Polizei, Feuerwehr, einem Rettungswagen oder Notarzt). In vielen Fällen wird in der Rettungsleitstelle auch Deutsch gesprochen. ADAC-Mitglieder können sich in Notfällen rund um die Uhr an den **ADAC-Auslandsnotruf** wenden, bei Unfall: Tel. 0049/89/22 22 22, bei Erkrankung/Verletzung: Tel. 0049/89/76 76 76. Bei Bedarf werden Dolmetscher vermittelt.

Öffnungszeiten

Auf den Kanarischen Inseln macht man traditionell eine **Siesta**, eine lange Mittagspause. In der Hauptstadt und in den meisten Dörfern öffnen die Geschäfte Mo–Fr ca. 9.30–13 und 16.30–20 Uhr, samstagnachmittags und sonntags bleiben die Türen geschlossen. Große Supermärkte und Einkaufszentren haben sieben Tage die Woche von ca. 9 bis 22 Uhr geöffnet. In den Touristenzentren sind nahezu alle Geschäfte täglich von früh bis spät offen.

Restaurants servieren das Mittagessen in der Regel zwischen 14 und 16 Uhr, das Abendessen von ca. 20 bis 23 Uhr. Manche Ausflugslokale beispielsweise in Arrieta oder El Golfo öffnen durchgehend von mittags bis zum frühen Abend. Sonntagabends bleiben viele Lokale geschlossen. In Urlaubsorten sind die Mittags- und Abendessenszeiten entweder erweitert (ca. 12–16 und ca. 19–23 Uhr) oder die Küchen bleiben von mittags bis nachts durchgehend geöffnet. Öffnungszeiten von Banken und Post siehe unter Geld (S. 126) und Post (S. 130). Die Kirchen sind mit wenigen Ausnahmen nur zu den Messen zugänglich.

Post

Postämter (»correos«) gibt es in allen größeren Orten, Briefmarken (»sellos«) sind auch überall dort erhältlich, wo es Postkarten gibt, also am Kiosk, in Tabakläden sowie in vielen Supermärkten und Souvenirshops. Das **Porto** für einen Standardbrief oder eine Standardpostkarte ins europäische Ausland beträgt 1,35 €. Außer der Hauptpost in Arrecife haben die Postämter nur vormittags geöffnet (ca. 9–13 Uhr). Briefkästen der staatlichen Post sind gelb und tragen die Aufschrift »correos«.

Rauchen und Alkohol

Das Rauchen ist in öffentlichen Gebäuden sowie in Restaurants, Bars, Cafés und auf Kinderspielplätzen verboten. Da nur geringe Steuern erhoben werden, sind Alkohol und Zigaretten relativ preiswert. Eine Stange (200 Zigaretten) kostet im Durchschnitt etwa 25 €. Der Verkauf und die Abgabe von Tabak oder Alkohol an Minderjährige ist verboten. Jugendliche dürfen keinen Alkohol konsumieren.

Sicherheit

Lanzarote ist ein sehr sicheres Reiseziel. Dennoch gilt es auf der Insel wie anderswo auch, sich vor unangenehmen Überraschungen zu schützen. Obwohl **Taschendiebstähle** sehr selten sind: besser nicht viel Bargeld oder andere Wertsachen mit sich tragen. Geld, Kreditkarten und wichtige Dokumente im **Hotelsafe** verschließen. Dokumente, die man bei sich trägt (z. B. Führer-

schein, Personalausweis) am besten fotokopieren oder fotografieren. Autos werden selten aufgebrochen, trotzdem ist es ratsam, möglichst nichts im Auto zu lassen – so wie zu Hause auch.

Souvenirs

Kunsthandwerk spielt auf Lanzarote eine sehr große Rolle, es wird mit großem Engagement gepflegt, von der Inselverwaltung geprüft und gefördert (siehe Kasten »Im Blickpunkt«, S. 84). Auf Lanzarote produzierte Korbwaren, Keramik, Parfüms, Stickarbeiten, Lederwaren oder Schmuck sind perfekte Mitbringsel. Man erhält sie in den Werkstätten in Haría sowie auf den Kunsthandwerksmärkten in Haría und Costa Teguise, teilweise auch auf den Märkten von Teguise, Puerto Calero und Playa Blanca.

Viele Urlauber nehmen gern **Feinkost** mit nach Hause, etwa Mojo-Soßen im Glas (Kräuter- und Paprikasoßen, die man zu Kartoffeln, Fisch und Fleisch isst), süße Gelees aus Mangos und Papayas oder auch Käse. Gofio, das für die Kanaren typische geröstete Mehl, kann man in vielen Supermärkten kaufen. Absolut typisch und äußerst preiswert ist das Salz der Salinas de Janubio. In manchen Souvenirshops ist es allerdings überteuert, günstig erhält man es in einigen Supermärkten.

Natürlich sind auch die **Weine** der Insel als Souvenir geeignet. In den Bodegas erhält man feste Verpackungen – aber bitte nicht vergessen, dass die Flaschen im Flugzeug nicht ins Handgepäck dürfen. Einige Weine sind auch am Flughafen hinter den Sicherheitskontrollen zu kaufen.

Auch Körperpflegeprodukte mit **Aloe Vera** kann man sehr gut mit nach Hause nehmen (siehe hierzu auch »Im Blickpunkt: Aloe Vera – Medizin und Mythos«, S. 75). Besonders empfehlenswert sind die Produkte von Lanza-loe (S. 73), erhältlich im Shop an der Plantage sowie in diversen Parfümerien und Souvenirläden.

Sport

Lanzarote ist ein bei Sportlern äußerst beliebtes Reiseziel – insbesondere bei Extrem- und Profisportlern (z.B. Triathlon, Trailrunning, Mountainbiking), aber auch bei Menschen, die in ihrer Freizeit gern wandern, tauchen oder surfen. Mit dem **Club La Santa** (S. 63) befindet sich hier eines der größten Sporthotels Europas mit einem immensen Angebot an Sportarten, -einrichtungen und -anlagen.

Von Februar bis November findet fast jede Woche ein internationaler **Sportwettbewerb** statt: mehrere Triathlons, zwei Ironman-Wettkämpfe, Mountainbike- und Fahrradrennen, Schwimm-, Lauf- und Trailveranstaltungen, Segelregatten und Golfturniere. Die Inselverwaltung vermarktet Lanzarote unter der Marke »European Sports Destination«. Auf der Website www.lanzarote esd.com finden sich umfangreiche Informationen sowie Broschüren und Karten zum Download.

Golf

Die Insel hat zwei 18-Loch-Golfplätze, der ältere befindet sich bei Costa Teguise, www.lanzarote-golf.com, ein neuerer bei Puerto del Carmen, www.lanzarotegolfresort.com (Infos auch in diesem Reiseführer bei den Ortsbeschreibungen). Zahlreiche Golfurlauber spielen auch auf den Plätzen der Nachbarinsel Fuerteventura.

Radfahren/Mountainbiking

Lanzarote hat gut befestigte Straßen, die zum Teil nur sehr wenig befahren werden, sodass **Rennfahrer** hier wunderbar trainieren können. Natürlich sind auch das Klima, die teils starken Steigungen sowie die landschaftlichen Eindrücke gute Argumente für sportliche Touren auf der Insel. Zudem existieren neun Mountainbikerouten. Kartenmaterial und eine Infobroschüre kann man unter www.lanzaroteesd. com herunterladen.

Für gemütliche **Radtouren** ist die Insel wegen der Steigungen und des oft starken Windes weniger geeignet. Eine schöne und – an windstillen Tagen – einfache Strecke ist die Uferpromenade von Arrecife (mit durchgehend abgetrenntem markiertem Radweg). Radverleiher gibt es in Arrecife sowie in allen Touristenorten.

Segeln

Die Insel verfügt über drei große, moderne, privat betriebene **Sportboothäfen**: Marina Lanzarote in Arrecife, 400 Liegeplätze (www.marinalanzaro te.com), Puerto Calero, 446 Liegeplätze (www.puertocalero.com), Marina Rubicón in Playa Blanca, 487 Liegeplätze (www.marinarubicon.com).

Hinzu kommen die öffentlich betriebenen Häfen von Puerto del Carmen, Playa Blanca und La Graciosa (www. puertoscanarios.es).

Empfehlenswerte **Jachtcharter-Agenturen** sind z.B. Lava Charter und Yacht Charter Lanzarote (www.lavacharter. com, www.lanzaroteyachtcharter.com).

Surfen und Stand Up Paddling

Die Bedingungen für **Windsurfen** und **Wellenreiten** sind ganzjährig sehr gut. Haupt-Surfspots sind Famara und Costa Teguise. Infos zu Schulen und Verleih finden Sie bei den jeweiligen Ortsbeschreibungen, mehr Infos zum Surfen auf S. 53 (»Im Blickpunkt«). Eine umfangreiche Broschüre mit allen Infos zu den Surfrevieren gibt es als Download unter www.lanzaroteesd.com.

Auch **Stand Up Paddling** kann man auf Lanzarote praktizieren, hierzu findet sich eine Extra-Broschüre unter derselben Internetadresse. Eine besonders schöne SUP-Route kann man von Arrecife aus unternehmen, in diesem Buch beschrieben auf S. 34.

Tauchen

Es gibt eine Vielzahl von internationalen **Tauchbasen**, insbesondere in Puerto del Carmen, aber auch in Playa Blanca, Costa Teguise und Arrieta. Adressen finden Sie bei den jeweiligen Ortsbeschreibungen.

Die Unterwasserlandschaften vor Lanzarote sind eindrucksvoll, und es gibt eine erstaunlich reichhaltige Fauna. Die meisten **Tauchreviere** sind vom Ufer aus zugänglich. Besonders einfach und beliebt ist das Tauchen an der Playa Chica in Puerto del Carmen, wo auch einige Wracks liegen. Im Norden herrscht mehr Wind, die Ein- und Ausstiege sind abenteuerlicher, weil man teilweise von wellenumspülten Felsen starten muss. Im Süden, in der Nähe der Marina Rubicón, befindet sich die Unterwasser-Kunstgalerie Museo Atlántico, deren Besuch Tauchern vorbehalten ist (S. 114).

Eine sehr ausführliche, 156 Seiten dicke Broschüre informiert mit zahlreichen Fotos und grafischen Darstellungen über die Unterwasserwelt, Download unter www.lanzaroteesd.com.

Sehr populär ist auf Lanzarote auch das **Apnoetauchen**, also das Tauchen ohne Flasche, mit nur einem Atemzug. Renommierte Schulen sind Freediving Lanzarote, www.freedivinglanzarote. com und Apnea Canarias, www.apnea canarias.com.

Wandern

Es gibt eine Reihe von gut befestigten und beschilderten Wanderwegen. Dennoch ist das Wandern auf Lanzarote teilweise recht anspruchsvoll – aufgrund starker Steigungen, heftigen Windes und intensiver Sonneneinstrahlung. Von November bis Februar kann das Wetter besonders wechselhaft sein, plötzliche Regenfälle oder Hagel sind möglich. Es gilt, die Touren gut vorzubereiten, passende Kleidung (inkl. Wanderstiefel) zu tragen, für ausreichend Getränke zu sorgen und ein Handy dabeizuhaben.

Auskünfte zu Wanderungen erteilen die Touristeninformationsbüros. Im **Nationalpark Timanfaya** sind individuelle Ausflüge mit Ausnahme eines Küstenwegs verboten. Die Nationalparkverwaltung bietet allerdings kostenlose geführte Wanderungen an, nähere Informationen auf S. 107.

Auskünfte zum Küstenwanderweg und zu individuellen Wanderungen in der Umgebung des Nationalparks erhält man im Besucherzentrum Centro de Visitantes Mancha Blanca (S. 106).

Wer einen **Wanderführer** buchen oder sich einer geführten Gruppe anschließen möchte, kann sich z. B. an folgende Adressen wenden:

Senderismo Lanzarote

■ Tel. 690 05 32 82, www.senderismo lanzarote.com

Lanzarote Eco Insider

■ Tel. 650 81 90 69, https://eco-insider.com

Lanzatrekk

■ Tel. 696 08 33 45, www.lanzatrekk.com

Strom und Steckdose

Das spanische Stromnetz wird wie in Deutschland mit 230 Volt betrieben. In die Steckdosen passen problemlos die üblichen Euro- und Schukostecker.

 Telefon und Internet

Viele Restaurants, Hotels und Cafés bieten ihren Gästen Zugang zu einem **WLAN-Netz** (Spanisch: Wifi) an, in das man sich mit Kennwort einloggt. Mobile Datenverbindungen funktionieren einwandfrei, sodass man Google Maps zur Navigation nutzen kann.

Seitdem die **Roaminggebühren** in der EU abgeschafft wurden, gibt es für Urlauber keinen Grund mehr, nicht das eigene Handy zu benutzen. Wer einen deutschen Mobilfunkvertrag hat, zahlt für Gespräche von Spanien nach Hause oder auch innerhalb Spaniens dasselbe wie für Gespräche in der Heimat. Festnetz-Telefonnummern auf Lanzarote beginnen mit 928, diese Vorwahl muss immer mitgewählt werden. Spanische Handynummern beginnen mit einer 6, selten mit einer 7. Beim Anruf mit dem deutschen Handy bei einer spanischen Nummer die Landesvorwahl 0034 nicht vergessen!

Internationale Vorwahlen:

- Spanien 0034
- Deutschland 0049
- Österreich 0043
- Schweiz 0041

 Trinkgeld

In Cafés, Bars und Restaurants sind bei gutem Service 5 bis 10 % Trinkgeld angemessen. Es ist üblich, dass die Bedienung zunächst das volle Wechselgeld auf einem Tellerchen bringt. Auf dem Teller lässt man dann das Trinkgeld liegen. Die in Mitteleuropa verbreitete Angewohnheit, der Bedienung einen bestimmten Betrag zu geben und zu sagen: »Stimmt so« oder »Fünf Euro zurück, bitte«, gilt hier als unhöflich. Taxifahrer bekommen in der Regel gar kein oder lediglich sehr wenig Trinkgeld, man rundet den Rechnungsbetrag geringfügig auf.

 Umgangsformen

Es ist üblich, legere **Kleidung** zu tragen, auch die Einheimischen kleiden sich gern sportlich. Nur in der Hauptstadt Arrecife verhält es sich anders, hier fällt man als Tourist am wenigsten auf, wenn man eine Kleidung wählt, die man auch im sommerlichen München, London oder Rom tragen würde. Auch in edlen Restaurants oder Bars sind ein Strandkleid oder Wandersandalen unangemessen.

Beim Besuch von **Kirchen** und religiösen Stätten ist es geboten, die Schultern zu bedecken und keine sehr kurzen Shorts oder Röcke zu tragen. Telefonate oder laute Gespräche werden in Kirchen nicht akzeptiert.

FKK ist unüblich. Es gibt sehr wenige Ausnahmen, etwa einen Abschnitt der Playa de Famara (S. 52) und die Playa de la Cocina auf La Graciosa (S. 76). Die kleine Siedlung Charco del Palo bei Mala, südlich von Arrieta, ist der einzige Ort mit offizieller FKK-Genehmigung. Hier wird die Freikörperkultur nicht nur am Strand, sondern überall im Alltag praktiziert. Darüber hinaus sonnen sich an den Stränden, die überwiegend von ausländischen Touristen besucht werden, immer mehr Frauen ohne Oberteil.

Dass **Kinder** laut sind und herumtoben, gilt auf Lanzarote als völlig normal. Ob am Strand, im Treppenhaus der Feriensiedlung oder im Restaurant: Kinder dürfen Krach machen, und wer sich darüber beschwert, erntet meist verständnislose Blicke. Gegenüber **älteren Menschen** verhält man sich möglichst respektvoll, lässt ihnen den Vortritt, hält die Tür auf usw.

Unterkunft und Hotels

Eine wichtige Besonderheit auf Lanzarote ist, dass sich Hotels und Apartmentanlagen beinahe ausnahmslos in vier Ortschaften befinden: in der Hauptstadt Arrecife und in den Touristenzentren Costa Teguise, Puerto del Carmen, Playa Blanca. Sowohl Puerto del Carmen als auch Playa Blanca sind ausgesprochen dicht bebaut (was auch daran liegt, dass es keine Hochhäuser gibt) und wachsen weiter an den Rändern. Das sieht nicht unbedingt schön aus, hat aber den nicht zu unterschätzenden Vorteil, dass die restliche Insel nicht immer mehr zersiedelt wird. Die Dörfer können auf diese Weise ihre ursprüngliche Struktur bewahren, die Landschaft bleibt weitgehend unberührt.

Hotels und Hotelanlagen

Der Hotelstandard auf Lanzarote ist hoch, schon drei Sterne stehen für recht viel Komfort, und was hier vier Sterne hat, würde anderswo zum Teil fünf bekommen. Die Hotels in der Hauptstadt Arrecife sind preiswerter als in den Touristenhochburgen.

Nicht selten spart man außerdem viel Geld, wenn man eine **Pauschalreise** mit Flug, Transfer und Hotel bucht, statt die drei Bausteine einzeln zusammenzusuchen. In Playa Blanca findet man eine Vielzahl von Hotels vor, in Puerto del Carmen sind dagegen Apartmentanlagen häufiger. Sehr erfolgreich ist seit einigen Jahren das Segment der Häuser, die ihre Türen nur für Erwachsene öffnen, entsprechend nimmt das Angebot hier zu.

Apartmentanlagen und Ferienwohnungen

Apartmentanlagen sind die beliebtesten Unterkünfte auf Lanzarote, in Relation zur Größe der Insel ist die Auswahl sehr groß und wird intensiv genutzt, viele Urlauber haben gern eine eigene Küche, Wohn- und Schlafzimmer, sind aber auch froh über Gemeinschaftsanlagen (Swimmingpools usw.) und Serviceleistungen wie in Hotels. Solche Apartments bucht man am besten über Reiseveranstalter.

Sehr gefragt und stetig wachsend ist darüber hinaus das Angebot an **Einzelhäusern** und einzelnen **Wohnungen** zur Miete. Offizielle Ferienunterkünfte dieser Art findet man im Internet etwa unter: www.rural-villas.com, www.villasdelanzarote.com, www.lanzaroteretreats.com, www.casaelmorro.com. Auch Veranstalter wie TUI oder Plattformen wie www.booking.com vermitteln derartige Unterkünfte.

Immer mehr private **Ferienwohnungen** sind zudem über Online-Portale wie www.fewo-direkt.de, www.casamundo.de oder www.airbnb.de buchbar. Man bedenke jedoch, dass insbesondere Airbnb-Wohnungen keinerlei Kontrolle unterstehen und häufig schwarz vermietet werden. Wenn Vermieter keine Steuern zahlen, nutzen die Urlauber eine Inselinfrastruktur, zu deren Finanzierung sie nicht oder nur wenig beitragen.

Camping

Es gibt nur einen Campingplatz auf Lanzarote, und zwar an den **Playas de Papagayo** (Camping de Papagayo, Playa de Puerto Muelas, Tel. 928 17 37 24). Ihn nutzen vor allem Einheimische als Langzeitcamper mit Wohnmobilen. Der Platz gleicht einem großen Parkplatz und entspricht somit nicht den nord- und mitteleuropäischen Vorstellungen von Camping. Auf **La Graciosa** (S. 74) ist Camping möglich. Ausführliche Informationen zum Hotelangebot in den einzelnen Regionen mit Preiskategorien finden Sie am Ende jedes Kapitels dieses Reiseführers.

Verkehrsmittel auf der Insel

Busse

Öffentliche Busse heißen auf Lanzarote »guaguas«, das Busunternehmen **Intercitybus**. Das Busnetz ist dicht, die Frequenz der Verbindungen hoch. Auch an Strände und in kleine Dörfer fahren Busse – wenngleich nicht immer pünktlich. **Einzelfahrkarten** kauft man direkt beim Fahrer. Mit »Bono«-Pässen erhält man 10 % Ermäßigung, es handelt sich dabei um Karten zum kontaktlosen Bezahlen, sie sind ebenfalls im Bus erhältlich. Die Fahrpreise sind sehr günstig. Mehr Infos und alle Fahrpläne, auch auf Deutsch: www.arrecifebus.com.

Mietwagen

Am Flughafen und in den Touristenzentren sind große internationale Autovermieter zahlreich vertreten. In den meisten Fällen ist es deutlich preisgünstiger, den Mietwagen im Voraus von zu Hause aus zu buchen (direkt bei internationalen Vermietern oder über Agenturen im Reisebüro oder im Internet), als spontan auf Lanzarote einen Wagen anzumieten. Vollkaskoversicherungen sind empfehlenswert, aber teuer. Gute Alternativen bieten Agenturen, die im Schadensfall die Selbstbeteiligung übernehmen (z.B. Sunny Cars, Auto Europe).

Taxis

Taxis sind zuverlässige und relativ preisgünstige Verkehrsmittel sowohl innerhalb von Orten als auch für Überlandfahrten. Alle Taxis haben Taxameter, für längere Strecken kann man vorab einen Festpreis vereinbaren. Reservierung und Preisauskünfte unter www.lanzarotetaxi.com und www.taxidearrecife.com (nur in/ab Arrecife und Flughafen).

Zeitverschiebung

Lanzarote liegt in der westeuropäischen Zeitzone, es ist dort ganzjährig eine Stunde früher als in Deutschland (Winter- und Sommerzeit). Wer nach Lanzarote reist, muss seine Uhr also um eine Stunde zurückstellen.

Zollbestimmungen

Die Kanarischen Inseln gehören zwar zur EU, doch es wird weder Mehrwert- noch Genusssteuer erhoben. Deshalb dürfen auf den Inseln erworbene Produkte nur in begrenztem Maß in andere Länder eingeführt werden.
Folgende Waren darf ein Erwachsener **zollfrei** aus dem Urlaub nach Hause mitnehmen: 1 l Spirituosen (mehr als 22 % Alkohol) oder 2 l alkoholische Getränke mit bis zu 22 % Alkohol, 4 l nicht schäumender Wein, 16 l Bier und 200 Zigaretten sowie andere Waren im Gesamtwert von 300 €.

Die Geschichte Lanzarotes

1. Jh. n. Chr. Der römische Geschichtsschreiber Plinius berichtet von einer Expedition auf die Kanaren.

13. Jh. Die Insel ist von Guanchen bewohnt, ihre Kultur entspricht etwa der europäischen Steinzeit. Europäische Kaufleute verschleppen Ureinwohner als Sklaven.

1312 Lancelotto Malocello, ein Kaufmann aus Genua, landet auf der Insel und lässt eine Festung auf dem Vulkankegel Guanapay bei Teguise errichten. Möglicherweise geht der Name Lanzarote auf ihn zurück.

1344 Der Papst ernennt den spanischen Adligen Luís de la Cerda zum König der Kanaren, dieser zeigt jedoch kein Interesse an den Inseln.

1402 Der normannische Adlige Jean de Béthencourt erobert Lanzarote, sie ist die erste Kanarische Insel in spanischer Hand. König Heinrich III. von Spanien ernennt Béthencourt zum König der Kanarischen Inseln. Béthencourt beruft seinen Neffen Maciot de Béthencourt zum Statthalter, und dieser heiratet Prinzessin Teguise, eine Tochter des des letzten Guanchenkönigs.

1418 Maciot de Béthencourt gründet den ersten spanischen Ort auf Lanzarote, der zur Hauptstadt wird: Teguise.

16./17. Jh. Lanzarote wird wiederholt Ziel verheerender Piratenangriffe.

1730–1736 Vulkanausbrüche im Gebiet von Timanfaya. Lavaströme begraben weite Teile der Insel. Wie durch ein Wunder werden keine Menschen dadurch getötet.

1852 Arrecife wird Hauptstadt.

1964 Die Cueva de los Verdes eröffnet als Land-Art-Projekt, ein Werk des Lichtkünstlers, Architekten und Technikers Jesús Soto, der später zahlreiche Werke von César Manrique realisiert.

1966 Einweihung des ersten Hotels in Puerto del Carmen. Das Zeitalter des Tourismus beginnt.

1966 Der Künstler César Manrique, 1919 auf Lanzarote geboren, kehrt nach Aufenthalten in Madrid und dem Ausland für immer auf seine Heimatinsel zurück. Hier verwirklicht er Kunst- und Architekturprojekte, bei denen stets die natürliche Landschaft eine Hauptrolle spielt. Außerdem engagiert sich Manrique sehr erfolgreich für Naturschutz, den Erhalt von Traditionen und einen sanften Tourismus.

1977 In Costa Teguise eröffnet das erste Fünf-Sterne-Hotel der Insel, das heutige Grán Meliá Salinas.

1993 Lanzarote wird UNESCO-Biosphärenreservat, und zwar die gesamte Insel einschließlich aller Orte.

2017 Eröffnung des Museo Atlántico, einer Unterwassergalerie des Künstlers Jason deCaires Taylor.

Museo Atlántico: Erst 2017 eröffnete das Unterwassermuseum vor Playa Blanca

Spanisch für die Reise

Das Wichtigste in Kürze

Ja/Nein	*sí/no*
Bitte/Danke	*por favor/gracias*
Hallo!/Auf Wiedersehen!	*¡Hola!/¡Adiós!*
Guten Morgen!	*¡Buenos días!*
Guten Abend!/Gute Nacht!	*¡Buenas tardes!/¡Buenas noches!*
Mein Name ist …	*Me llamo …*
Entschuldigung!	*¡Perdón!*
Achtung!/Vorsicht!	*¡Atención!/¡Cuidado!*
Ich verstehe Sie nicht.	*No les entiendo.*
Wie viel kostet das?	*¿Cuánto cuesta?*
Damen/Herren	*Señoras/Señores*
geöffnet/geschlossen	*abierto/cerrado*
gestern/heute/morgen	*ayer/hoy/mañana*
Wie viel Uhr ist es?	*¿Qué hora es?*
Wo ist …?	*¿Dónde está …?*
Wie weit ist das?	*¿A qué distancia está?*
Ist das der Weg nach …?	*¿Es éste el camino a …?*
Nord/Süd/West/Ost	*norte/sur/oeste/este*
Ich möchte …	*Quisiera …*
Die Rechnung, bitte!	*¡La cuenta, por favor!*
Restaurant	*restaurante*
Auto	*coche*
Tankstelle	*gasolinera*
Super/bleifrei/Diesel	*gasolina súper/gasolina sin plomo/diésel*
Panne	*avería*
Hilfe!	*¡Ayuda!/¡Socorro!*
Fahrrad	*bicicleta*
Busstation	*estación de guaguas*
Flughafen	*aeropuerto*
Pass/Personalausweis	*Pasaporte/Documento Nacional de Identidad (D.N.I.)*
Bank/Geldautomat	*banco/cajero automático*
Arzt	*médico*
Apotheke	*farmacia*
Supermarkt	*supermercado*
Tourismusbüro	*oficina de turismo*

Wochentage

Montag/Dienstag	*lunes/martes*
Mittwoch	*miércoles*
Donnerstag	*jueves*
Freitag/Samstag	*viernes/sábado*
Sonntag	*domingo*

Monate

Januar/Februar	*enero/febrero*
März/April	*marzo/abril*
Mai/Juni	*mayo/junio*
Juli/August	*julio/agosto*
September/Oktober	*septiembre/octubre*
November	*noviembre*
Dezember	*diciembre*

Zahlen

1	*uno*	8	*ocho*
2	*dos*	9	*nueve*
3	*tres*	10	*diez*
4	*cuatro*	11	*once*
5	*cinco*	12	*doce*
6	*seis*	100	*cien, ciento*
7	*siete*	1000	*mil*

Hinweise zur Aussprache

c	vor ›a, o, u‹ wie ›k‹, Bsp.: casa, caja
c	vor ›e‹ und ›i‹ ähnlich dem englischen ›th‹, Bsp.: gracias
ch	wie ›tsch‹, Bsp.: leche
g	vor ›e‹ und ›i‹ wie ›ch‹, Bsp.: gente
gue, gui	wie ›ge, gi‹, also mit stummem ›u‹, Bsp.: guitarra, guiso
h	ist immer stumm, Bsp.: hombre
j	wie ›ch‹, Bsp.: jamón
ll	wie ›lj‹, Bsp.: tortilla
ñ	wie ›nj‹, Bsp.: niño

Alle Blickpunkt-Themen in diesem Band:

Register

Bildnachweis

Titel: Kaktusgarten (Jardín de Cactus) in Guatiza von César Manrique
Foto: **AdobeStock** (allard1)
Rücktitel: links: **Shutterstock.com** (Dziewul), rechts: **Shutterstock.com** (Marques)

© des Titelbildes Jardín de Cactus von César Manrique bei VG Bild-Kunst, Bonn 2018

AdobeStock: Ikpro 8/9; R. Schneider 77; K. Kozlowski 79; pkazmierczak 80/81; schneiderpics 96 –
Alamy Stock Photo: F. Webster 38/39; AA World Travel Library 40; Prisma by Dukas Presseagentur
GmbH 41; IndustryAndTravel 59; EnriquePSans 97; G. Gajewski 109 – **AWL Images:** S. Lubenow
14/15, 55; M. Abreu 128 – **Bildagentur Huber:** R. Schmid 26, 44/45; A. Piai 100 – **Casa El Morro:** 120 –
Club La Santa Reisen GmbH: 63 – **Getty Images:** S. Lubenow 73 – **Lanzaroteretreats:** 89 – **Look-
photos:** S. Lubenow 52 – **mauritius images:** W. Bibikow/Westend61 5.1; imageBROKER/M. Siepmann
6.2, 85; S. Haggett/Alamy 12.1; U. Flüeler 13.1; D. Houghton/Alamy 13.2, 95; M. Lange 18/19; P. Forsberg/
Alamy 30, 36; H. Corneli/Alamy 33; imageBROKER/M. Vollmer 35; W. Bibikow 48; J. Schwarz 60;
P. Schickert/Alamy 82; M. Moxter/Westend61 88 – **picture alliance:** dpa/Government Of Lanazarote
136 – **Shutterstock.com:** J. Miko 4/5; travelview 5.2, 10.1, 23, 112/113; P. Kazmierczak 6.1, 51, 56, 86/87, 99;
Ferumov 6.3; E. Galeotti 7; T. Balaguer 9, 27, 116; alexilena 11.1, 69; P. Bird 11.3; Casmaria 12.3; North Devon
Photography 17; J. Zaleska 24, 74, 111; ATGImages 29; irabel8 34; P. Phillips 42; anyaivanova 65.1;
A. Lebedev 65.2; Fulcanelli 66, 144.1; V. Titov 70, 91; K. Watson 92; javaman 102; aaabbbccc 104/105;
Pawel Kazmierczak 106; MaraZe 144.2

© der abgebildeten Werke von César Manrique (S. 5, 11, 35, 66), Jesús Rafael Soto (S. 69) und Jason
deCaires Taylor (S. 136) bei VG Bild-Kunst, Bonn 2018

Impressum

Herausgeber: GRÄFE UND UNZER VERLAG GmbH, Postfach 86 03 66, 81630 München
Leitender Redakteur: Benjamin Happel
Autorin: Nele-Marie Brüdgam
Verlagsredaktion: Gernot Schnedlitz (verantw.), Nora Köpp, Katja Tegler, Nadia Turszynski
Lektorat und Satz: Ewald Tange, tangemedia, München
Bildredaktion: Iris Kaczmarczyk
Schlusskorrektur: Dr. Maria Ponholzer
Reihengestaltung: Eva Stadler
Kartografie: Kunth Verlag GmbH & Co. KG, München
Herstellung: Mendy Willerich
Druck: Drukarnia Dimograf Sp z o.o. (Polen)

Ansprechpartner für den Anzeigenverkauf:

KV Kommunalverlag GmbH & Co. KG, MediaCenter München,
Tel. 089/928 09 60

Ein Unternehmen der
GANSKE VERLAGSGRUPPE

ISBN 978-3-95689-450-3
1. Auflage 2018

© 2018 GRÄFE UND UNZER VERLAG GmbH, München

ADAC Reiseführer Markenlizenz der ADAC Verlag GmbH & Co. KG, München

LESERSERVICE

adac@graefe-und-unzer.de
Tel. 00800/72 37 33 33 (gebührenfrei in D, A, CH)
Mo–Do: 9–17 Uhr, Fr: 9–16 Uhr

Bei Interesse an maßgeschneiderten B2B-Produkten:

gabriella.hoffmann@graefe-und-unzer.de